Emigração & contrabando: reedição, 2022

Joaquim Filipe Peres de Castro

Emigração & contrabando: reedição, 2022

Joaquim Filipe Peres de Castro

Dedicado a
Julio Machado Duarte pela motivação fornecida e pelas leituras do
manuscrito inicial.
A Albertino Gonçalves pelo prefácio e
A Abel Marques, sem o qual nada teria sido cumprido.

Índice

Prefácio

Este livro é uma segunda edição de Emigração & contrabando. A primeira edição ocorreu, em 2003, através do Centro desportivo e cultural de São Paio, Melgaço, distrito de Viana do Castelo, Portugal.

Nesta reedição foram realizadas poucas alterações ao texto inicial. Portanto, não se trata duma revisão, senão que duma reedição. As mudanças no conteúdo foram as seguintes. O título foi alterado, tendo sido acrescentada a palavra reedição e o ano de 2022. Nesta edição foi também retirado o longo texto de agradecimentos, tendo sido substituído por outro mais curto. O prefácio escrito por Albertino Gonçalves também foi retirado, assim como as citações iniciais. No que diz respeito ao conteúdo do livro, foi retirada a parte de Abel Marques, na qual se relata uma viagem para Paris, em 1956. Assim dispondo, nesta edição procedeu-se à alteração do índice. Na nova edição também ocorreram alterações na formatação, pois a edição em KDP impõe um tipo de formatação próprio. No que diz respeito ainda à formatação, as normas da APA não foram respeitadas e os itálicos na bibliografia não foram introduzidos. A edição em KDP oferece a possibilidade duma mais ampla difusão da obra.

O conteúdo não foi revisto, pois ele é testemunho do passado recente de Portugal. Em 2003, o livro pretendeu conferir voz a um legado histórico. Mas, hoje, ele é também um testemunho do período histórico em que foi escrito. Actualmente, uma revisão implicaria enormes diferenças em termos dos pontos de vista do autor e da zeitgeist. Em 2003, a visão portuguesa acerca do mundo era optimista. Portugal vinha de ter feito a expo 98 e o euro 2004 iria ocorrer, um ano depois.

O conteúdo é, de certo modo, retórico e ingénuo. O ponto de vista acerca da União Europeia é ingénuo. Após a crise das dívidas soberanas, tornou-se claro que o Euro não se ajusta à economia portuguesa e que é fruto duma visão neo-liberal, inscrita no tratado de Maastricht (1992), o qual foi negado através de referendos, e do Tratado de Lisboa (2007), o qual não foi sujeito aos sufrágios universais. A posição de Portugal, durante a crise das dívidas soberanas, estava refletida nas viagens, aos centros de poder da União Europeia, para tentar suavizar as políticas impostas, dum envelhecido Mário Soares.

Curiosamente, o livro inscreve-se numa época em que Portugal ainda estava fechado sobre si mesmo, apesar desse optimismo em relação à UE e ao futuro. Portugal se encontrava aberto à Europa, mas ainda com feridas imperiais e com uma democracia representativa frágil.

Em 2003, as classes dominantes, em Portugal, desejavam ser europeias. Esta afirmação, hoje, parece estranha, revelando, talvez, um complexo de inferioridade de algumas das elites, de então. Este estranhamento daria um estudo interessante.

O livro assenta na emigração do "salto". São discutidas as suas causas e algumas das suas consequências. A atribuição causal para a emigração remete para o Estado-Novo, ou seja, para a causa política. A visão económica descrita assenta, sobretudo, na teoria neo-clássica. Nesse sentido, o livro é testemunho dessa época, ou seja, da memória da repressão do Estado-Novo, das novas oportunidades da abertura face à Europa e da emigração continental, na segunda metade do século XX. No entanto, torna-se importante salientar que a emigração existiu antes e depois do Estado Novo. Em 2010, a crise das dívidas soberanas abriu uma nova fase na história da emigração portuguesa. Desta feita, as condicionantes políticas foram as neo-liberais e não a dum Estado autoritário e conservador, o qual, do ponto de vista do Estado, tentava, de certa forma, "guardar" a sua população dentro do seu território soberano.

No livro a emigração do "salto" é abordada num misto de sacrifício e de heroísmo. No entanto, hoje, o sacrifício dessa geração poderá parecer, talvez, coisa pouca para as dificuldades que as novas gerações irão enfrentar (que já encontram). O antropocénico altera a nossa visão do mundo e, hoje, será difícil para um jovem explicar a um dos sobreviventes da geração do "salto" que a noção de progresso de Saint-Simon não tem o mesmo sentido. No livro também é notável uma ingénua consideração do darwnismo social de Herbert Spencer. Ele é visível na ênfase da necessidade de adaptação, a qual é partilhada pelo neo-liberalismo, desde o colóquio Walter Lippmann, em Paris, de 1938.

A definição da emigração ou imigração facultada é corrente e simples, mas não está correta. Definir o fenómeno das migrações é uma tarefa muito complexa. No sentido de definir as migrações, talvez que a melhor forma será agarrar-se a algumas das características básicas. Isto é, a mobilidade humana no espaço e as mudanças bio-psico-sociais. No livro é dito que a definição da emigração implica mudança de residência. Mas o autor, vivendo em Metz, conheceu portugueses e franceses, entre outros, que habitavam, em Metz, e trabalhavam, no Luxemburgo. Ou seja, a emigração poderá não implicar mudança de residência. De resto, tal situação é uma realidade na fronteira entre a Galiza e Portugal.

A definição da aculturação não se encontra errada, mas não é também de todo correta. Aculturação é, sobretudo, aprendizagem duma segunda cultura, devido ao contato direto com uma nova cultura, a qual irá conduzir a mudanças bio-psico-sociais em termos individuais e colectivos.

A aculturação e as migrações partilham dimensões definidoras, isto é, mobilidade humana que propicia o contacto intercultural direto e mudanças em várias dimensões. A aculturação se relaciona diretamente com a questão da identidade abordada no livro. No que diz respeito aos emigrantes portugueses, em França, estes existem, sobretudo, para Portugal.

Os efeitos da emigração são mais notáveis, em Portugal, isto é, na economia, na cultura, na paisagem, etc. A casa dita francesa foi, por exemplo, fruto da aculturação dos emigrantes portugueses, em França. Ou seja, os emigrantes aprenderam, em França, a construir esse tipo de casas. Esse tipo de construção, a qual foi fruto da aculturação deteve consequências na economia lusa e na sua paisagem. Os emigrantes também existem na forma como os portugueses se concebem a si mesmos. No que diz respeito à França, será difícil falar-se em comunidade portuguesa. Ela existirá, talvez, no Luxemburgo, devido à elevada densidade populacional de imigrantes de origem portuguesa e lusófona, e ainda porque a política liberal do referido Estado, por vezes, o permite. Os portugueses são apenas mais uma das muitas nacionalidades ou culturas, em França. Na situação actual, na qual existem várias gerações e na qual a emigração ainda se caracteriza pelo vaivém, qualquer generalização acerca dos portugueses, em França, poderá ser apressada, no ímpeto estatístico ver o mundo através de médias e de desvios padrões. Em termos individuais, para muitos casos, a aculturação deverá se encontrar próxima da fusão de elementos culturais. A fusão realiza-se mediante o contacto directo com a cultura da República Francesa e também mediante o contacto com uma miríade de outras culturas. Em termos coletivos existem a assimilação social e a cultural, mas, sobretudo, a situação será de interculturalidade, devido aos valores da Republica Francesa. O multiculturalismo não se ajusta à realidade francófona. O multiculturalismo é, sobretudo, um fenómeno e uma política anglo-saxónica, embora, mas últimas décadas tenha sido aculturado para outras culturas. A diversidade cultural e a relativa tolerância eram anteriores ao modelo multicultural. É também importante afirmar que a identidade étnica poderá ser distinta, independente, da aculturação. A aculturação corresponde à assimilação cultural, pois ambas implicam aprender características duma segunda cultura. A identidade étnica poderá ser auto-atribuída. Ela implica comportamentos de exploração, os quais poderão conduzir à aprendizagem duma nova identidade. A identidade étnica poderá também surgir mediante a discriminação, ou seja, a atribuição, neste caso, é realizada pelo grupo cultural dominante. Usualmente, ambas as formas ocorrem, em simultâneo. O afirmado acima serve para relembrar que a aparente perda identitária, poderá ser reposta e que esta é dinâmica. Em alguns casos, a identidade étnica existe sem aculturação, por exemplo, hoje, os afro-americanos não pertencem a outra cultura, senão à cultura anglo-saxónica dos Estados Unidos da América, mas ou esse grupo se considera distinto ou é considerado como distinto e peculiar. A aculturação, neste caso, não se relaciona com formas de dominação cultural, pois não se trata de aculturação.

Actualmente, o retorno da importância dos poderes dos Estados soberanos, talvez, altere a situação presente. No entanto, Portugal e França estão integradas num Estado supranacional, complicando ainda mais a tentativa de verificar qual a relação dos emigrantes com o Estado e a cultura de origem. Portanto, a situação descrita no livro é apenas uma por entre outras que são verosímeis.

Em 1924, um dos pioneiros do estudo das migrações e da identidade étnica, ou seja, Herbert Adolphus Miller, afirmou que a investigação acerca dos migrantes deveria tornar-se mais descritiva e menos prescritiva, pois todos os modelos de aculturação são normativos e prescritivos. Eles são ainda coletivistas, deixando escasso espaço para análises fenomenológicas, individuais, descritivas e processuais. Estes derradeiros tipos de abordagens poderiam contribuir para a elaboração, construção duma visão mais abrangente acerca da emigração. Hoje, a temática das migrações está cercada pelas ideologias e lutas entre Estados e ainda pela luta pelo poder dentro dos Estados, sem que, muitas vezes, os migrantes tenham qualquer benefício.

Outra constatação, após a releitura, a qual já não se fazia há décadas, é o uso da primeira pessoa do plural. Esta mostra uma preocupação com um suposto coletivo, o qual é, quase sempre, abstrato. Hoje, para o autor essa preocupação seria estranha. Hoje, desconhece o que é Melgaço, e desconhece ainda mais o que seja Portugal. Do ponto de vista do autor, Portugal é, hoje, sobretudo, uma cultura, uma língua e uma forma de estar (não de ser). O Estado é formado por instituições. E estas últimas por pessoas. O Estado não é algo de natural, senão uma construção habitada por pessoas.

Actualmente, a forma de escrever do autor alterou-se. O autor foi-se aculturando. Hoje, constata-se uma influência do inglês e, em menor medida, do francês. Hoje, a escrita teria menos adjetivos, frases mais curtas, mais prenomes pessoais e menos generalizações, no sentido de se evitarem maniqueísmos.

A conclusão do livro é pequena, ela ficou curta. A parte que diz respeito à identidade é demasiado longa e cheia de psicologismos. Alguns desses psicologismos não estão errados, mas poderão não se ajustar. A este respeito a palavra autismo foi retirada, aquando de descrever o Estado Novo.

Algumas partes do livro, hoje, não merecem a concordância do autor. No entanto, foram mantidas. Uma delas merece uma consideração. Trata-se da caracterização feita por Jorge Dias do Norte de Portugal. Jorge Dias afirma que o fundo cultural dessa região é comunitário. Talvez que, em certas regiões, concelhos, freguesias e em certas classes sociais, profissionais ou actividades, isso fosse, em parte, uma realidade. No entanto, a cultura dessa região parece alicerçar-se no individualismo, não é liberal e não preza a igualdade, tal como o constata Emmanuel Todd, aquando se relacionar o tipo de familia com a estrutura social.

Para Jorge Dias, a modernização era entrevista como uma perda. No entanto, Portugal, nas últimas duas décadas, melhorou em algumas dimensões. Por exemplo, Portugal tem-se tornado mais liberal no âmbito social. A este respeito os direitos das mulheres melhoraram imenso. Portugal melhorou também no que diz respeito ao urbanismo. No entanto, o seu espaço dito rural ou a dita natureza estão ao abandono, fruto da intervenção humana. A agricultura intensiva, a qual é recente, em muitos concelhos, tem feito diminuir de forma notável a biodiversidade.

O Estado Português continua muito desigual, corporativista, dado a diversas formas de corrupção, i.e., clientelismo, nepotismo, sendo que muitas delas se inscrevem na legalidade de Portugal e da União Europeia. No âmbito do corporativismo, algumas classes socioprofissionais que se pensam emancipadores desfrutam desse Estado de coisas.

Curiosamente, a ruralidade, anterior à revolução verde, a qual persistiu, em Portugal, mais tarde do que na maioria dos países da Europa ocidental, existe na memória daqueles que têm mais de 60 anos de idade. Esta memória feita de saber-fazer poderá ajudar no antropocénico. Os tempos que se aproximam serão de intensa mobilidade humana e de imensos conflitos sociais, políticos e interculturais. A inovação tecnológica será necessária e também serão necessárias novas formas de inovação social e cultural. Talvez, que o legado histórico, descrito no livro, ajude os vindouros num desafio que coloca a vida da espécie em jogo, nas próximas décadas.

Châtellerault,
1 de Julho de 2022

Emigração & contrabando: reedição

Objectivos e declaração de intenções

O objectivo fundamental deste projecto é o de alargar o âmbito das problemáticas, ainda que as mesmas se limitem a um mero estudo exploratório. Aguardemos que dos ecos vindos da memória colectiva se apreenda algo. Numa época em que assistimos a uma crescente centralização política, alheia ao nosso país, torna-se premente oferecer um legado histórico, revelando aquilo que fomos e ainda somos.

Na pós-modernidade vive-se a loucura do efémero, do esquecimento. A história, composta por milhões de vidas semelhantes às nossas, debruça-se sobre o abismo do lendário rio Letes. O mundo aflora aos mais jovens como um resultado, como se toda a humanidade já tivesse sido forjada, aquando do seu nascimento. Este projecto propõe-se, pois, reviver a vida intensa de outrora, a memória feita de farrapos, mas a partir da qual a nossa identidade é constituída, conquanto não se olvide de se projectar no futuro. Considerando o escasso material, até hoje, concebido nestas problemáticas, a atitude que nos anima parece-nos útil, no sentido da compreensão e do alargamento da área de estudo. Tendo em consideração que na vila de Melgaço se irá edificar brevemente um museu, abarcando as actividades do contrabando e da emigração: 'Memória & Fronteira', o projecto cristaliza-se em algo de palpável e visível. É a vida, a memória esquecida refeita em forma cultural.

Caminhando em direcção à problemática peculiar do contrabando, deparamo-nos com o facto deste se inserir numa época determinada, num espaço fortemente delimitado, ou seja, de não se tornar inteiramente inteligível, quando visto isoladamente.

A perplexidade perante o facto de Melgaço ter sido ao longo dos tempos repulsivo face à sua própria população resultou na inserção do fenómeno emigratório no estudo, pois, as temáticas representam na perfeição o fenómeno da repulsão, conferindo forma a uma época da nossa história.

A cultura não se deixa entrever apenas mediante Mozart, Luís de Camões, Fernando Pessoa, Picasso, etc., ou seja, não existe somente a cultura erudita. A cultura é também um rio que perpassa diariamente o nosso movimento corporal, a linguagem em que nos entendemos, os estados de humor, o olhar com que percepcionamos o mundo, etc. Os diferentes modos de ser constituem-se como cultura. Cultura é, acima de tudo, um legado forjado de quotidianos, ainda que prenhes de tédio, aflorando em qualquer forma e conteúdo na vida e na relação interpessoal quotidiana. Eis, aqui, a cultura que habita na sombra dos dias velozes. Trata-se, pois, de motivar, de sensibilizar. Escutemos o galego Casal, A.: "É a cultura que marca o rumo e dá sentido ao desenvolvimento. É a realidade cultural – concreta, espacial, temporal – de um país, de uma região, de um território, com os seus recursos e motivações, mitos, saberes, valores, que dão rosto, que marcam o passo, que impõem constrangimentos e despertam estímulos ao desenvolvimento." (1999, p. 11). Ao propormos a fórmula do desenvolvimento da cultura, estamos afirmando que todos os aspectos culturais devem ser objecto directo do desenvolvimento. O que subjaz nesta proposição é o pressuposto de que a cultura e a sociedade estão inseridas no tempo e no espaço, sofrendo impulsos e\ou regressões. A cultura é a memória e o projecto, a matriz e o fim, situa-se atrás e à frente do desenvolvimento, envolvendo-o e sendo por ele impulsionada. A nossa postura situa-se no âmbito da investigação-acção proposta por Kurt Lewin. Segundo o dicionário de sociologia de Boudon, R. et al. (1990), a investigação-acção consiste numa: "Postura das ciências sociais que associa a análise à transformação da realidade estudada (...), a posição dos promotores de investigação-acção consiste (...), em colocar os efeitos de interacção no centro de dispositivos de pesquisa (...), a acção é de facto a finalidade última e a análise não é mais que o desvio obrigatório da gestão da mudança (...)." (p. 13)

Questões metodológicas

As dificuldades metodológicas encontradas centraram- se na escassa bibliografia encontrada, no que diz respeito ao contrabando. O contrabando afigura-se como sendo uma área de estudo pouco ou nada querida pelas autoridades, o que, de resto, é compreensível, numa perspectiva económica, mas não humana. Este obstáculo constitui-se, pelo contrário, para nós como um incentivo, pretendendo contribuir com algo que, de facto, se mostre relevante, no sentido em que representa um legado histórico. De início, colocaram-se vários e distintos problemas. Por um lado, apesar das problemáticas parecerem, à partida, convenientemente delimitadas, na realidade elas perpassam muitas outras áreas de estudo. Tais como: a política, a economia, a sociologia, a demografia, etc., as quais de modo algum deverão ser descuradas, ainda que o labor se alongue muitíssimo. Outra dificuldade metodológica prende-se com a transcrição dos escassos relatos recolhidos no trabalho de campo. Julgamos ser metodologicamente preferível incluir os valiosos relatos, ao longo da investigação teórica levada a cabo, isto porque, por um lado, confere consistência histórica à pesquisa e aos próprios relatos, conferindo, no sentido inverso, mais consistência metodológica à ténue análise de conteúdo realizada. A análise de conteúdo afigura-se ténue porque as variáveis não foram verdadeiramente decompostas em índices quantificáveis. O problema metodológico mais relevante prende-se com a delimitação geográfica e temporal do estudo. Pretendendo não maçar os leitores, concluímos que a análise se iria iniciar, desde os meados do século vinte, isto porque os registos bibliográficos anteriores a esta delimitação cronológica se mostraram raros, acrescendo que os sujeitos da amostra seriam também escassos.

O facto descrito delimita à partida a população, transformando-a numa amostra. O método amostral foi o intencional, isto é, foi: "(...) baseado no próprio conhecimento da população e dos seus elementos e da natureza das metas da pesquisa."(Earl, B., 2001, p. 153). Tal escolha comporta consequências a nível do caminho a seguir, isto é, no método, nomeadamente pelo facto da amostra ser não probalística, ou seja, os resultados obtidos, caso não se cumpram as devidas precauções, não se poderão generalizar a outras populações. Quanto à questão geográfica, pretende-se abarcar apenas o concelho de Melgaço.

No entanto, ao levar a cabo o projecto, o nosso âmbito de intervenção alarga-se a toda a zona fronteiriça, isto é, ao Alto e ao Baixo-Minho, uma vez que os factores que nos distinguem da vizinha Galiza não são relevantes. Segundo Ronam, R. (1999) as características fundamentais da vizinha Galiza são em todo semelhantes às verificadas no norte de Portugal, ou seja: "Fuerte incidencia de la emigracion, envejecimento demografico, contrastes territoriais en su distribuicion, bajas taxas de natalidade, etc. (...)." (p. 65).

Não se pretende de modo algum desenvolver um estudo de caracter quantitativo. As variáveis revelaram-se, na nossa opinião, fortemente qualitativas, uma vez que se ostentam demasiado humanas. Na verdade, as virtuais variáveis poder-se-iam ampliar em índices quantificáveis, contudo, tal formulação metodológica revelou-se, aos nossos olhos, ao longo da prévia investigação bibliográfica efectuada, como sendo uma falsa questão, pois não se trata de quantificar uma realidade, a qual se ostenta qualitativa. No entanto, considerando o afirmado anteriormente, não descuramos os aspectos quantificáveis e quantificados.

Segundo Pimentel, D. (1991): "A problemática da migração e do retorno constitui uma área de investigação de grande estímulo, com possibilidade de diferentes metodologias atendendo à diversidade de formas e às suas ligações com várias disciplinas (...)." (p. 78). Para além da investigação-ação, o método com o qual desenvolvemos o estudo é o estudo de casos. Greenwood (cit. in Almeida, J. & Pinto) divide os métodos usados em ciências sociais em três categorias fundamentais: o experimental, o de medida e o de casos ou análise intensiva. Para o presente estudo interessa-nos o estudo de casos ou análise intensiva. Segundo os autores referidos acima, as suas características são: a intensidade, ou seja, a multiplicidade das facetas a explorar na análise. A profundidade do estudo, o qual implica as dimensões históricas, culturais, etc. E, por último, a sua flexibilidade em termos metodológicos, a qual se traduz numa utilização mais livre e ampla das técnicas utilizadas.

As técnicas de recolha de dados foram as seguintes: busca bibliográfica realizada em várias bibliotecas, remetendo para os mundos da demografia, da história, da economia, da política, da sociologia, da antropologia e da psicologia. A Internet também foi objecto de consulta. Realizaram-se entrevistas de caracter informal, semi-estruturadas, as quais implicam um trabalho de campo, dando azo à observação. Trata-se de resgatar a perecível oralidade dos fenómenos, tornando-os em literacia. Segundo Havelock E. (2000), esta transformação fundamenta a cultura ocidental. Os sons aprendidos oralmente pelos antigos gregos, como Hesíodo, foram progressivamente ordenados ainda duma forma oral. Tal ordenação permitiu o ordenamento escrito. Em termos fisiológicos passou-se do predomínio do ouvido para o do olhar. Tal processo, o da literacia, implica o aperfeiçoamento da memória colectiva, conferindo uma maior robustez à identidade dos povos:

"O 'eu' foi uma invenção socrática, ou melhor, talvez devamos dizê-lo, foi uma invenção do vocabulário socrático (...), mas apesar de oral, a dialéctica socrática dependia do prévio isolamento da linguagem, na sua forma escrita, como algo separado da pessoa que a proferia. A pessoa que usava a linguagem, mas que estava agora separado dela, tornou-se a personalidade, que agora poderia descobrir a sua existência. A linguagem assim descoberta tornou-se nesse nível de discurso teórico denotado pelo termo logo." (Havelock, E., 2000, p. 133). A passagem do registo oral para o escrito, do qual Socrátes foi o último oralista e o primeiro literato, impõe o primado da memória, do registo escrito, o qual através dessa continuidade conferida pelo poder do escrito confere forma ao eu, à identidade: "É impossível compreender a história da memória humana sem a história escrita do mesmo modo que não se pode compreender a história do pensamento humano sem a história da fala. Basta lembrar-se da natureza e origem social de todo o signo cultural para se compreender que, abordado desse ponto de vista, desenvolvimento psicológico é precisamente desenvolvimento social condicionado pelo ambiente. O desenvolvimento psicológico está solidamente introduzido no contexto de todo o desenvolvimento social e revela-se em seu elemento orgânico." (Vygotsky, L. & Luria, A., 1996, p. 53).

Por fim, no que diz respeito ao contrabando, levou-se a cabo uma pequena análise de conteúdo. Pretende-se, mais do que fornecer informações ou soluções, colocar questões, até porque as lacunas encontradas são demasiadas. Mais do que delimitar a problemática da emigração e do contrabando, num registo vertido para dentro, ou seja, para a criação duma presumível sub-sub-divisão de estudo, preferimos remeter o estudo, para os plausíveis efeitos das problemáticas sobre as pessoas reais.

As dificuldades na recolha de dados, a duvidosa validade dos inquéritos realizados até hoje, também influenciaram a nossa crença de que um estudo qualitativo, de carácter exploratório seria a solução preferível, tendo em conta os custos e a morosidade que uma análise quantitativa requer.

As problemáticas do contrabando e da emigração desejam-se, deste modo, descritas não em termos exclusivamente quantitativos, senão mormente qualitativos, no sentido proposto por Edgar Morin e Santos, B. (1995), pretendemos, conquanto que modestamente; fazer ciência com consciência, isto é, encostar a ciência ao senso comum. Por último, para quem se dispõe a reflectir sobre a sua terra natal existem constrangimentos institucionais (limites orçamentais), interpessoais, pessoais e emocionais, os quais nos aproximam e nos repulsam, em simultâneo, num jogo de aproximação e de distanciamento.

Delimitação conceptual da problemática

A emigração é uma constante da população portuguesa, desde 1425, aquando da colonização da Madeira. A emigração, no fundo, trata-se duma troca, tal como o contrabando implica trocas materiais ou simbólicas. Aquilo que, hoje, somos é o resultado dessas trocas, quer elas sejam de pessoas, quer de bens materiais ou sociais: "As migrações dos povos são uma das características mais universais da história da humanidade e sem elas não seria possível compreender nem as culturas diversificadas de muitas das sociedades humanas, espalhadas pela terra e muito menos compreender o que há de singular e único na cultura tomada como um todo, ou seja, a cultura em sentido global (...). É muito complicada e longa a jornada empreendida por esses homens antigos durante todo o paleolítico para pensarmos em nos deter em pormenores (...), o homem foi ocupando sempre terras novas, todas as vezes que as podia alcançar com os recursos de que dispunha." (Dias, J., 1994, p. 251).

As diferenças somáticas constatadas entre as diferentes "raças" de seres humanos facultam-nos o conhecimento do processo civilizacional, o qual foi muito longo, atravessando todos os continentes. Calcula-se que o homo sapiens detenha nos seus genes cerca de 300 000 anos de existência. Contudo, o homo sapiens terá cerca de 8 000 000 anos de história. As diferenças somáticas atestam a capacidade de adaptação do ser humano ao meio envolvente.

Durante a idade do bronze, os fluxos migratórios intensificaram-se, por exemplo, através dos Fenícios. Esta mudança tem como base a intensificação das trocas comerciais, sociais, culturais e fisiológicas. A Europa foi invadida, durante séculos, pelos indo-europeus, vindos das estepes entre os Cárpados, ao norte do Mar Negro, o Cáspio e o Aral, território que se estendia até ao Pamir e às montanhas da Manchúria. Os povos indo-europeus misturaram-se, por sua vez, com os já, então, residentes. Este movimento deu origem às línguas indo-europeias. Os celtas fixam-se na Península Ibérica, dando origem a uma mescla. O restante processo das migrações ou invasões torna-se desnecessário descrevê-lo, no sentido de não maçar os leitores.

Segundo o dicionário de sociologia de Boudon, R. et al. (1990): "A migração designa o deslocamento de populações de uma região para a outra, particularmente das regiões rurais para as zonas urbanizadas, mas também de uma sociedade para outra (...). O primeiro efeito da migração é o obrigar a elaborar uma nova série de novas funções (...). No fenómeno migratório predominam os fenómenos da aculturação e da assimilação." (p. 190). O contrabando, desde o nosso ponto de vista, também se trata duma migração (ainda que pendular) isto porque, os indivíduos são obrigados a dar o salto por entre as fronteiras. Transgredindo, em termos económicos e políticos, mas, sobretudo, em termos sociais e psíquicos, nos quais os contrabandistas adquirem uma nova forma de estar, um novo estatuto e um novo papel social. Ou seja, uma nova personalidade entre a necessidade de sobreviver e a de formar-se como pessoa, estando inserido num ambiente repressivo.

Ao longo da pesquisa bibliográfica comprovamos que ambas as questões envolviam três dimensões essenciais: a demográfica, a política e a económica. Trata-se, no fundo, de decompor os fenómenos nas suas várias vertentes, no sentido proposto por Larzaersfeld (cit. in Almeida, J. & Pinto, 1995). Contudo, os indicadores quedam-se pelo seu carácter qualitativo. As três dimensões, quando estudadas juntas, conduziram-nos, de modo natural, até à questão da identidade, a qual subjaz a toda e qualquer forma cultural ou grupo humano. No fundo, pretende-se deslindar aquilo que somos os raianos. Enquanto nos adentrávamos na concepção do livro, algo se desvelava. Esse algo é o fenómeno da repulsão sentida pelas populações da periferia, resultando numa identidade difusa, tal como foi proposta por Marcia (1968). A repulsão não se constitui como uma hipótese científica, a partir da qual o caminho a seguir, isto é, o método permitiria estudar, mas, dado o carácter exploratório do estudo, antes se trata duma aproximação ou descrição, a qual deverá, posteriormente, ser verificada. No sentido da sua refutação, isto é, no sentido duma maior complexidade.

A vida económica e a integração na União Europeia

A abertura da economia portuguesa iniciou-se muito cedo, no período do pós-guerra, mediante a adesão à OCDE, em 1948. Seguiu-se ainda uma maior abertura através da adesão à EFTA, ao Banco Mundial e ao GATT: "Numa primeira fase, Portugal adere à EFTA (Associação Europeia de Comércio Livre), criada nos finais de 1959, através da convenção de Estocolmo, e formalmente adoptada, em 4 de Janeiro de 1969, pelos governos de Inglaterra, Suécia, Dinamarca, Noruega, Suíça, Áustria e Portugal. A finalidade pretendida era a diminuição das tarifas aduaneiras entre estes países, mas não havia a fixação duma tarifa exterior comum que, pelo contrário, tinha sido estabelecida em relação à CEE." (Medeiros, C., 1986, p. 262).

A abertura económica deve ser entendida como um elemento de intensificação dos factores de produção, obrigando as empresas e os indivíduos a melhorar o seu desempenho. A abertura económica deve ser também entendida de modo relacional, isto é, na medida em que propicia a intensificação das trocas interpessoais e culturais. Abrindo o país literalmente ao mundo, quando anteriormente apenas se tinha derramado pelo mundo fora: "O processo de integração europeia é sem dúvida um dos acontecimentos políticos principais que ocorreram na segunda metade do século XX, na Europa. O seu grande desígnio – a criação de um ambiente de paz e de cooperação entre as diferentes unidades políticas europeias – terá sido largamente alcançado." (Soares, A., 2000, p. 423). A ideia de uma Europa unida tem origem no Congresso Pan-Europeu de 1927, o qual deu origem ao manifesto de Viena. Pouco depois, o Ministro dos Negócios Estrangeiros Francês Briant A., baseando-se no referido Congresso Pan-Europeu, tenta criar uma união política. Contudo, apenas após a Declaração de Shumam, em 1950, – que mereceu resposta positiva da Alemanha e à qual se associaram a Itália, a Bélgica e o Luxemburgo – se criou a primeira das três comunidades europeias: a Comunidade Europeia do Carvão e do Aço (CECA), cujo tratado constitutivo foi assinado, em Paris, em 1951, visando a criação de um mercado comum do carvão e do aço. Os tratados constitutivos das duas novas comunidades europeias foram lavrados em Roma, em 1957, pelos seis Estados membros da CECA.

A terceira comunidade reune-se em volta da energia atómica, na sequência do relatório Spaak, apresentado na conferência de Veneza, em 1956. Cronologicamente, o primeiro alargamento efectuou-se, em 1973, através da adesão do Reino Unido, da Dinamarca e da Irlanda. O segundo alargamento efectuou-se no sul do continente, em 1979, a Grécia oficialmente era, desde então, membro da Comunidade Europeia. O terceiro alargamento tem lugar na Península Ibérica. Espanha e Portugal aderem oficialmente, em 1985, apesar do pedido de adesão, por parte de Portugal, ter sido realizado anteriormente, em 1977. As negociações foram demoradas porque a Espanha já detinha algum peso económico e também porque, no interior da comunidade, o clima era de instabilidade. Nos anos 90, pretendeu-se integrar os membros da extinta EFTA, ou seja, a Áustria, a Finlândia, a Suécia, a Islândia e a Noruega, mas apenas os três primeiros levaram a cabo a sua inteira integração no âmbito da União Europeia. A partir do ano de 2004, os Estados membros deverão ser 25.

O Acto Único Europeu (AUE) iniciou uma nova fase de aprofundamento do processo de integração. A adopção do acto único resultou da conjugação duma pluralidade de factores que determinaram a oportunidade de se proceder a uma revisão formal do quadro constitutivo das Comunidades Europeias. Constituindo-se como um reforço dos três tratados anteriores, das três comunidades, pretendendo ainda a realização do mercado interno. O Acto Único Europeu suprimiu fronteiras, nascendo, deste modo, o Livro Branco para a realização do mercado interno. É de salientar que com o Acto Único se formalizou o Conselho Europeu. Por último, o tratado de Masstricht realizou a união económica e monetária, instituindo a cidadania europeia e conferindo ainda novos poderes ao Parlamento Europeu.

Em Portugal, antes da entrada na União Europeia, a situação económica caracterizava-se pela profunda depressão: o aumento demográfico, a negligência política, a ausência duma política agrícola moderna, uma indústria pesada em acelerado crescimento, resultaram no empobrecimento dos meios rurais e na continuação dos fenómenos da emigração e do contrabando. Vejamos Almeida, J. (1999): "O que importa salientar, no entanto, é que toda a euforia dos sectores industriais e dos serviços, neste período, veio agravar drasticamente as desigualdades do desenvolvimento regional, de que um dos indicadores é precisamente a distribuição da implementação geográfica desigual. (...) mais significativo ainda, é uma acentuada litorização que se assiste: o relativo equilíbrio de 1864 foi substituído por um contraste de 72% contra 28%, ou seja, por uma situação em que por cada habitante no interior vivem 3 no litoral (...)." (p. 135). As consequências económicas duma economia fechada sobre si própria, em Melgaço, são notáveis. Ora vejamos, no ano de 1949, a 1 de julho, A Voz de Melgaço, relata: "Tomou maior intensidade a crise agrária não só no nosso país, como em outros bem ricos e prósperos como o nosso. A falta de pasto para os gados, a falta de água para a rega de milho, o pouco gado, a falta de vinhos, no ano que findou e que para muitos era o governo da casa (...)".

Quinze dias depois, conferem continuidade à notícia: "Infelizmente para muitos de nós, a colheita de milho está quase perdida." (15 de Julho de 1949). A situação económica nos meios rurais revela-se de tal modo grave que se assistiu inclusivamente à racionalização dos bens de consumo básicos: "Os nossos beneméritos salsicheiros lá se dignaram a baixar o toucinho de 18$00 para 16$00, o quilo (...). Só neste mês foi distribuída a ração de arroz referente a Melgaço." (A Voz de Melgaço, 1949). De facto, a julgar pela 'A Voz de Melgaço' os maus anos agrícolas e a fome eram uma constante, tornando-se endémicos. Em Melgaço, relata-se a 1 de Agosto de 1966: "(...) pois as batatas estão todas queimadas da seca e dos nevoeiros. O calor tem apertado muito neste mês. Vinho, também não sei se haverá metade do ano passado. Centeio também deve haver pouco. A chuva do S. João tolhe o vinho e não dá pão e o S. João foi um mês chuvoso e frio." (p. 1).

Nestas condições, divididos os espaços, entre um centro urbano rico e uma periferia rural pobre, os últimos anos vieram revelar um espaço interior inviabilizado, em que prossegue uma forte sangria de gente: "A impossibilidade de expropriações de numerosos pequenos produtores directos. A impossibilidade crescente de emprego na agricultura, agravado pelo crescimento demográfico, ia assim fazendo cumprir ao espaço rural nortenho a função de fornecimento de força de trabalho, libertando-a para outras actividades. E mesmo dos que conseguiam manter-se agricultores, boa parte era forçada, para assegurar a reprodução da exploração familiar, à obtenção de recursos exteriores." (Almeida, J., 1999, p. 113). Não será custoso supor que uma dessas actividades, até porque era rendosa, fosse precisamente o contrabando. Envoltos numa situação económica precária, os habitantes raianos resignaram-se aos fenómenos do contrabando e da emigração.

Em Portugal, até aos anos 60, a sangria humana verteu-se para além do atlântico, para as colónias ultramarinas, sobretudo, para a terra de todos os sonhos, isto é, o Brasil. Dos que buscaram a fortuna no Brasil a maioria eram muito jovens, analfabetos e rurais. Após este destino se ter praticamente esgotado a sangria humana remeteu-se para os países ricos da Europa em reconstrução. A moeda Brasileira desvalorizou-se e o fluxo migratório atenuou-se. De qualquer modo, em termos quantitativos, este foi o maior destino dos emigrantes portugueses, ao longo do século vinte. Aquando da segunda sangria, já alguns bem sucedidos brasileiros tinham regressado à terra natal, tornando visível o seu êxito mediante a ostentação das vivendas abrasileiradas. Este sucesso tentava todos os demais à aventura da emigração. Os mais idosos, as mulheres e as crianças perante a emigração massiva, permaneceram na terra natal, tratando dos afazeres. Estes tornaram-se na restante mão-de-obra existente e predominante. A desertificação humana conduziu gradualmente à desertificação geográfica. Eis uma das razões pelas quais o contrabando se tornou na alternativa à emigração para estas populações pobres.

O contrabando foi uma das receitas mágicas, conquanto que ilegal, para a obtenção de dinheiro. Enquanto a economia não se alongava mais do que para além da subsistência, as remessas anuais dos emigrantes deram origem às casas francesas, com telha marselha, chaminés, jardins, etc. Os transportes, o comércio de bens de consumo – nomeadamente o da ourivesaria e de tecidos – a construção civil e, correlativamente, o comércio de materiais de construção também beneficiaram do fluxo monetário. Contudo, o desenvolvimento económico real, complexo, consistente e sustentável, encontra-se completamente ausente.

Apenas o mês de Agosto é afigurado pelas gentes de Melgaço como sendo a grande oportunidade de crescimento económico, uma vez que os emigrantes se encontram de férias. Em Melgaço, nas instituições bancárias assiste-se apenas a um acumular de moeda e não ao seu investimento. Uma localização geográfica profundamente periférica, intrinsecamente excluente e repulsiva, um regime político opressivo face à sua própria população, resultaram na emigração clandestina e no contrabando. Contudo, nos últimos anos, mediante a integração europeia a esperança renasce, embora como que velada. As relações portuguesas com a CEE apenas se iniciam quando Marcelo Caetano sucede a Oliveira Salazar. Salazar entendia a CEE como algo de perigoso e botado ao fracasso, optando pela adesão à EFTA, na qual a velha aliada portuguesa liderava, isto é, a Inglaterra. A partir de 1969, nascem em Portugal duas tendências contrárias: os africanistas, ou seja, aqueles que defendiam a estratégia de Salazar, vertida para África, e os europeistas, os quais defendiam um acordo comercial e uma progressiva integração na CEE. Esta última tendência acabaria por vingar, em 4 de Fevereiro de 1969. Data em que Marcelo Caetano envia à CEE um memorando, esgrimindo o desejo de um acordo comercial. Contudo, somente com o 25 de Abril de 1974, se inicia o desanuviamento político, em Portugal, uma vez que até à data da revolução, a política colonial tinha conduzido o país ao maior isolamento da sua história.

Neste contexto de isolamento internacional, é de salientar o facto de que, quando Marcelo Caetano, em 1968, ascende ao poder a Alemanha e a Inglaterra serem governadas pela esquerda e que, desde o início da década de sessenta, quase todos os povos africanos se encontravam independentes. Restando Portugal como a única potência colonial, vertida sobre o atlântico, encurralada num sistema bipolar (União Soviética vs EUA), cuja única fronteira era mantida com a perigosa Espanha: "(...) inverteram-se as posições da Espanha e de Portugal, relativamente à situação vivida nos anos imediatamente posteriores à guerra: Espanha prosseguiu uma política de liberalização interna, mais acentuada no plano económico e de abertura ao exterior, assinando com a CEE um acordo preferencial de comércio (1966), enquanto Portugal, por causa da sua intransigência em matéria colonial, percorria um caminho de isolamento internacional." (Oliveira, C., 1995, p. 178). A abertura económica e cultural face à restante Europa apenas se concretizou na década de oitenta. A Voz de Melgaço, em 15 de Novembro de 2000, informa-nos acerca do I Fórum Vale do Minho:

"A associação de municípios do vale do Minho está a organizar com o apoio do elo transfronteiriço, Norte de Portugal\Galiza, o I Fórum do Vale do Minho transfronteiriço que irá decorrer nos dias 17 e 18 de Novembro de 2000, no Hotel porta do sol, em Caminha". Fruto da integração na União Europeia as oportunidades aparecem, actualmente, na forma de uma relação muito estreita entre as duas regiões fronteiriças, isto é, norte de Portugal vs Galiza: "Durante muitos anos, a região do norte de Portugal e a Comunidade Autónoma da Galiza cooperam na base das semelhanças linguísticas e culturais e partilham interesses e problemas (...)."(Corkill, D., 1998, p. 42). As relações luso-espanholas sempre decorreram com receio mútuo, sobretudo, por parte de Portugal, uma vez que é mais pequeno. Ora, sendo a Espanha o único Estado da Europa a estabelecer fronteira com Portugal, a desconfiança face à Espanha remeteu o nosso país primeiro para o atlântico e depois clandestinamente para a Europa: "Esta osmose, profundamente imaginária entre nação e império teria concordância da maioria, pelos menos até aos anos 50. Maquilhada com artifícios do lusotropicalismo ao longo desta década, ela servirá de alibi ideológico à legitimação de um Portugal pluricontinental, 'Nação feita de peças pelo mundo' é a construção do mito de uma sociedade multi-racial (...). No tempo do Salazarismo, esta instrumentalização do império e, a partir de 1951, do ultramar, passava por uma intensa propaganda destinada a criar uma verdadeira mística imperial e uma ligação ambígua no mundo, mistura de ensimesmamento, de autarcia, de sentimentos confusos de superioridade, de desconfiança e de vulnerabilidade." (Idem, 1998, p. 112). Portugal permaneceu, deste modo, de costas voltadas para a Europa, resultando tal comportamento num atraso estrutural a todos os níveis. A atitude descrita teve o seu ponto mais alto na exposição do mundo português, em 1940. Nesta, para além da exaltação épica dos descobrimentos, num momento em que toda a Europa se encontrava em guerra, salienta-se de modo explícito a importância de África, como se fosse um novo Brasil, para a definição da identidade do Portugal do Estado-Novo. Porém, hoje, Portugal não se confina ao seu pequeno espaço territorial, senão que se alarga ao resto da Europa.

As relações com a vizinha Espanha

A ideia de um iberismo entre os dois Estados da península desvanece-se, após a implementação da República, em 1910. O iberismo passou a ser percebido como sinónimo de traição. Apenas, em 17 de Março de 1939 (véspera da II Guerra Mundial e logo após o termo da guerra civil espanhola), os dois Estados-Ibéricos assinam o Tratado De Amizade e Não Agressão. A este acordo encontrava-se subjacente um acordo comercial entre ambos os países: "Nos termos do novo acordo comercial, os principais produtos a exportar para Espanha eram: gado (num total de 180 mil cabeças de gado diverso), madeira de diversos tipos, caulino e estanho. Estavam previstos alguns produtos coloniais, nomeadamente café, sementes oleaginosas, óleo de rícino e sisal. O elenco de produtos espanhóis a importar por Portugal incluía minérios (chumbo, ferro fundido, potassa), produtos químicos diversos e farmacêuticos, peles e papel". (Oliveira, C., 1995, p. 57)

Ao longo da Segunda Guerra Mundial, ainda que ambos os países partilhassem a mesma ideologia e o fervor anti-comunista, em termos políticos e estratégicos, Portugal encontrava-se mais próximo das forças Aliadas, graças à aliança Luso-Britânica. A Espanha, por seu turno, encontrava-se ao lado das forças do eixo, até porque estes participaram activamente na guerra civil espanhola. A Espanha encontrava-se ainda economicamente dependente da Alemanha nacional-socialista. O regime franquista chegou inclusivamente a participar na frente russa com a divisão azul, em 1941. Tal como os seus aliados, a Espanha detinha pretensões imperialistas, as quais se dirigiam para o norte de África.

As relações entre ambos países, no decorrer da II Guerra Mundial, eram apenas afáveis e cordiais, no contexto de uma península Ibérica neutra. As trocas comerciais portuguesas dirigiam-se, sobretudo, para os países Aliados, embora se jogasse com um pau de dois bicos, consoante o desenrolar da II Guerra Mundial pendesse para um lado ou para outro da contenda.

O caso do volfrâmio – os dois países Ibéricos nunca se sentaram à mesa das negociações para normalizar o comércio deste produto – é o melhor exemplo do afirmado, pois quando a guerra se encontrava claramente ganha pelos Aliados, Portugal abandona os lucros proveniente do comércio do volfrâmio com as forças do eixo, até porque se encontrava sobre pressão britânica e estado unidense, tal como sucedeu com as bases aliadas dos Açores. Com o desfecho da guerra, a Espanha entra num período de isolamento internacional extremo: "O ano de 1946 é decisivo para o regime franquista. Nunca na história contemporânea recente das relações entre as nações, com excepção de um período breve da revolução soviética, uma nação esteve tão isolada internacionalmente e na opinião pública mundial como ocorreu com a Espanha durante largos meses, após o termo da segunda Guerra Mundial." (Idem, 1995, p. 95). O cerco internacional à Espanha apenas termina em 1955 mediante a entrada para a ONU. Para tal muito contribuíram os esforços diplomáticos portugueses – para o governo de Lisboa a instabilidade em Espanha era algo de muito perigoso – e a estratégia defensiva da NATO. De 1955 a 1963, o Tratado de Amizade e de Cooperação é aprofundado em termos económicos e políticos. O crescimento económico de ambos os países ultrapassava os 5% anuais. A partir de 1963, os contactos e os encontros entre os governantes assim como a confiança mútua degradam-se. As relações entre ambos os países assumem as formas do desprezo e da desconfiança. Esta situação irá perdurar até 1976/1977.

A guerra colonial isolou Portugal definitivamente. De início, foram as perdas das longínquas cidades da Índia, das quais o Notícias de Melgaço nos dá eco, seguindo-se a revolta do paquete Santa Maria: "Portugal, de norte a sul da Europa, à África, à Ásia e à Oceânia vibrou da maior, mais intensa como vibrante indignação, ante o atentado contra a sua soberania, de que foi alvo mercê do acto de pirataria que atingiu o paquete da companhia colonial de navegação 'Santa Maria', sem dúvida a nossa primeira e principal da marinha mercante (...)." (29 de Janeiro de 1961, ano 32, nº 1387). "Sozinhos nos encontrámos nós nas terras africanas quando nos princípios do ano findo hordas russificadas do Congo atacaram os povos indefesos da nossa Angola, e sós nos vimos agora neste tristonho fim de Outono, quando os 40 0000 soldados de nefasto Nehru invadiram as nossas terras de Goa, Damão e Diu e naqueles confins da Ásia a estão possuindo." (7 de Janeiro de1950, ano 33, nº 1422).

"Não foi, digo, o presidente da Rússia que animou o farsante Nehru a lançar o ataque a Goa, porque sabia de antemão que a América e a Inglaterra não intervieram? Agora infelizmente estão no Vietname e na Malásia a sofrer as consequências da cobardia. E o terrorismo em Angola, Guiné e Moçambique? Donde tem vindo as armas? (1 de Agosto de 1965).

Nos inícios da década de cinquenta, a União Indiana, reivindicou a posse das regiões portuguesas na Península Indiana. Em 1951, mediante a revisão constitucional as ex-colónias passam a designar-se de Províncias Ultramarinas. Portugal passa a ser uno de Melgaço a Timor e o país volta-se por inteiro para o atlântico: "Oliveira Salazar, diferentemente do General Franco, fazia assentar toda a política externa portuguesa na consolidação e no reforço da política colonial portuguesa, na vocação atlântica de Portugal e na recusa de envolvimento em questões e problemas no âmbito do continente Europeu." (Oliveira, C., 1995, p. 55).

Nos inícios dos anos 60, iniciam-se os combates no norte de Angola, espalhando-se até Moçambique e à Guiné. Em termos económicos, os efeitos da guerra colonial fazem-se sentir em todo o país, inclusivamente, em Melgaço. O controlo estatal da economia atinge o seu auge: "O nosso aplauso, o Conselho Municipal aprovou o plano de actividades da Câmara para 1966. O plano de actividades da nossa Câmara para o ano de 1966, aprovado ultimamente pelo Conselho Municipal, revela-nos o esforço que se vai despendendo para que o concelho vá progredindo da melhor maneira possível, numa hora, em que temos de aguentar três frentes de combate, em Angola, Guiné e Moçambique. Urge não parar". (Notícias de Melgaço, 1 de Outubro de 1965).

A nível da política internacional, o país desemboca num isolamento nunca antes sofrido. Os EUA impõem um embargo de armamento, ao qual se junta a velha aliada portuguesa, a Inglaterra, apesar de Portugal pertencer à NATO. Os velhos amigos acabam, pois, por abandonar Portugal à sua sorte, promovendo inclusivamente, por vezes, as revoltas das guerrilhas, como sucedeu com a UNITA, a qual num primeiro momento também foi instigada pela metrópole e pela África do Sul. A partir dos anos 60, a atribuição causal dos dirigentes portugueses, quando confrontada com a perda das colónias, verte-se para os países comunistas, mas também para os antigos aliados, sobretudo para os EUA: "(...) de presumir é um breve e feliz desenlace para este desgraçado estado de coisas, pois os satélites da Rússia já sabem terem perdido à partida e os nossos caríssimos amigos da OTAN já se vão convencendo de não serem eles os nossos herdeiros na África como o não seriam na Ásia e na Oceânia (...)." (Notícias de Melgaço, 28 de Maio de 1961, ano 33, nº1400). Deste modo, Portugal acaba por permanecer extremamente isolado num contexto internacional bipolar: "Não são apenas os países do grupo afro-asiático, então ainda em número relativamente reduzido, e os do bloco do Leste Europeu que atacam Portugal e a sua política, mas antes a Inglaterra, a Suécia, a Noruega, a Bélgica e a Itália que pressionam em Lisboa e nas capitais europeias, em 1961, no sentido de demover o governo de Salazar da sua intransigência. Como bem escreveu Freire Antunes, 'Portugal era atacado pelos inimigos e abandonado pelos amigos (...)', e só a França de De Gaulle e a Alemanha apoiaram parcialmente Portugal na questão das guerras em África, tal apoio, em equipamentos militares (...)." (Oliveira, C., 1995, p. 162).

No contexto da neglicência política, o discurso português acerca da Guerra colonial ostenta-se, por vezes, heróico e épico. Porém, outras vezes, embora raras, são facultadas informações acerca do que estava a ocorrer: "(...) no momento que passa, também tem havido quem se tenha refugiado, se cabe o termo, em hostes inimigas e até quem tenha mesmo fugido para o norte de África, para falarmos apenas neste ano, e a ninguém, absolutamente a quem duvidar da honra, da dignidade, o saber cumprir do nosso brilhantismo, heróico e inigualável exército. Nem mesmo às classes, donde saíram esses maus portugueses, traidores ou cagarolas." (Notícias de Melgaço, 1 de Fevereiro de 1966). "(...) publica a lista de baixas até agora registradas na luta que se tem travado no norte da província: oficiais, 16 do quadro permanente e 8 milicianos, sargentos 16 do quadro permanente e 16 milicianos, praças, 328 brancos e 26 de cor." (Notícias de Melgaço, 18 de Agosto 1962).

As relações entre os países Ibéricos arrefeceram consideravelmente, logo a partir da perda da Índia, até porque a Espanha estabeleceu contactos diplomáticos e comerciais com a índia e com a U.R.S.S, sem consultar, previamente, Portugal, uma vez que poderia encontrar-se em causa o Tratado de Amizade e de Cooperação. Oliveira Salazar passou a olhar a Espanha com receio: "Oliveira Salazar disse a Franco Nogueira que Portugal não podia confiar demasiado nos espanhóis, pensava certamente, na questão colonial, e foi de facto essa mesma questão que gerou desconfianças e assumiu divergências que de algum modo paralisariam as relações entre os dois países." (Oliveira, C.1995, p. 166).

Com a morte de Salazar e a ascensão à Presidência do Conselho de Marcelo Caetano, a situação internacional de abandono a que Portugal se entrega atenua-se, sem que, no entanto, desapareça. A guerra colonial persistia, constituindo-se como o grande entrave à normalização das relações internacionais portuguesas. No que diz respeito às relações Ibéricas, é necessário considerar que a revolução dos cravos e todo o período revolucionário decorrem ainda com Franco no poder. A atitude de alheamento, por parte de Espanha, persiste neste período. Aliás a Espanha é um dos primeiros países a reconhecer internacionalmente a revolução democrática, a 30 de Abril de 1974. Isto porque a Espanha apenas temia de Portugal uma possível instabilidade política, tal sucedeu, de modo inverso, com Portugal, no período da guerra civil espanhola.

Apesar da indiferença espanhola, Portugal, para além de servir de refúgio a muitos militantes anti-franquistas, irá influenciar a mudança de regime em Espanha: "A grande facilidade de trânsito fronteiriço para as populações raianas, a possibilidade de recepção, nas zonas espanholas de fronteira, de emissões de rádio e de televisão com origem na 'democracia portuguesa', a vinda maciça de democratas espanhóis a Portugal e a possibilidade de instalação em território português, sem qualquer espécie de vigilância policial, de militares de organizações espanholas antifranquistas constituíram, entre outros, alguns vectores capazes de produzirem apreensão e instabilidade no interior da própria ditadura espanhola (...)." (Idem, p. 202).

Em 1977, o Tratado de Amizade é renovado, os chefes de Estado português e espanhol passam a reunir-se anualmente. Em meados dos anos 80, ambos os países passam a integrar e a pertencer à velha Europa, a qual, agora, não se unia em função dos caprichos de um qualquer imperador, mas condicionada pela vontade dos povos democráticos. Portugal, neste princípio de milénio, ostenta um atraso estrutural face à Espanha. Esta dependência perante o país vizinho resulta no receio infundado duma perda de soberania, a qual, de resto, nos parece perfeitamente natural, uma vez que se trata dum alarme, no sentido de mobilizar esforços para arrepiar o caminho perdido: "A preocupação com o domínio, por parte de um vizinho, não é única dos portugueses – as relações entre a Irlanda e o Reino Unido, a Áustria e a Alemanha contém elementos comparáveis na esfera Europeia. Um dos problemas é espacial: a Espanha é cinco vezes maior que Portugal e é a quinta maior economia desenvolvida. É a capacidade produtiva e um empenho em relações (...) que fazem dela um protagonista principal (...)." (Corkill, D., 1998, p. 13). A Espanha é, hoje, um dos países mais fortes em termos económicos do mundo, daí que a apreensão portuguesa seja fundada: "O perigo espanhol que amiúde foi no passado uma ameaçadora possibilidade, hoje, já não é nada (...), salvo a esporádica susceptibilidade que a assimetria da capacidade económica em favor da Espanha provoca (...)." (Gomez, H., 2002, p. 25). Contudo, ambos os países, hoje, se encontram integrados num espaço mais extenso, ou seja, na União Europeia. Este receio face à Espanha não advém do país vizinho, mas antes da inevitável abertura económica, social e cultural operada, aquando da adesão à União Europeia: "O processo de formação secular de Portugal foi desde o começo marcado por um elemento que ainda hoje contribui para a sua peculiaridade: a tensão e, simultaneamente, o equilíbrio entre a fronteira terrestre e a marítima. Na fronteira terrestre, Portugal é vizinho desde há sete séculos de um único país (Castela-Leon e, desde o século XVI, a Espanha), o que é um caso raro na Europa (...). Há assim um peso forte na fronteira terrestre, uma vizinhança desigual, que tradicionalmente era entendida como a grande ameaça à continuação da nacionalidade. Portugal encontrou como forma de compensar desta pressão da fronteira terrestre, a valorização da fronteira marítima, através de mecanismos multifacetados." (Telo, A., 2002, p. 20). Actualmente, o equilíbrio português operado através das relações funcionais entre as duas fronteiras (terrestre e marítima) desenvolve-se mediante a total abertura da fronteira terrestre, sem, no entanto, olvidar o Atlântico.

A situação política

No decorrer dos anos sessenta e setenta, imperava a ditadura do Estado-Novo. Muita tinta foi gasta para definir o carácter fascista ou não do estado totalitário português. Ouçamos, respectivamente, Rosas, F. (2001) e o Notícias de Melgaço acerca da problemática: "Finalmente, pode seguramente argumentar-se que esse homem novo da propaganda da educação nacional e da cultura popular era, apesar de tudo, um homem velho, não o da mobilização revolucionária, mas a ordem contra a revolução e conservadora. É certo, mas não deixa por isso de ser, também, ele, um homem utópico, o homem (...) tipo do novo regime, a moldar impositiva e autoritariamente pela bifacetada das políticas do espírito e da repressão definida e aplicadas pelo estado. Esse chefe de família camponês, a resgatar entre nós, não pela acção do partido vanguardista (...), mas pela intervenção formativa do órgão (...), visão totalizante da sociedade, de matriz nacionalista, corporativa, católica, ruralizante e autoritária." (p. 1054). "(...) Por isso é de salientar e louvar o exemplo oferecido, ao mundo pelo nosso povo que tão agradavelmente se verifica entre portugueses brancos e de cor, e que tão esplendorosa continuidade nas terras irmãs do Brasil (...). Por isso mesmo não causa à nossa gente a menor impressão ou constrangimento ver os seus filhos caminharem ou divertirem-se fraternalmente e alegremente com crianças de cor, para com estas lado a lado fraternalmente frequentarem as mesmas escolas e adquirirem o mais elevado nível de cultura. E assim devidamente para juntos bem servirem o país, a Pátria mãe de todos, sejam quais forem a cor, a raça, as crenças ou as ideias de cada um. A gente em cujas veias corre o sangue Lusíada é assim. Honra, aos portugueses que mais este exemplo pode oferecer ao conturbado e tão frequentemente injusto e desumano mundo dos nossos dias." (1 de Junho de 1965). Trata-se, em qualquer caso, de um Estado totalizante, tentando fabricar pela força, sem alternativas, uma utopia, a qual seria a de todos os portugueses. A utopia Salazarista pretendeu, deste modo, forjar uma ontologia do ser-se português.

Contudo, na prática, no quotidiano, ela apenas se viabilizava, violentando todos os espaços da privacidade e da liberdade, resumindo-se à delirante realidade dos seus dirigentes, os quais usufruíam notavelmente dos frutos materiais dessa mitologia imaginária. Essa nova ordem, encontrando-se apenas presente no espírito da classe dominante, remeteu porém milhões de portugueses para a desordem, para a guerra, para a emigração, para o contrabando, ou seja, para o ascetismo, o que poderá aqui ser um mero eufemismo, da miséria física e intelectual predominantes: "A política Salazarista caracteriza-se como sendo uma espécie de repulsão face às massas, em detrimento das elites, caracteriza-se como uma repulsão rural importante com destino ao espaço urbano ou ao estrangeiro. A componente desse êxodo, ou seja, das transferências geográficas dos agricultores que mudam igualmente de profissão, será sem dúvida muito significativa (...), por repulsão significa isso que o estrangeiro constitui o destino, mediato ou imediato, da enorme maioria dos que abandonaram o país, com valores que na década de 60 não andaram longe dos 300 000, mais do dobro da década anterior." (Almeida, J., 1999, p. 119). Ilustrando esta afirmação, passa-se a citar A Voz de Melgaço, de 1 de Janeiro de 1967, num edital referente ao recenseamento eleitoral. Ora vejamos: "São eleitores: 1º O cidadão português do sexo masculino, maior ou emancipado, que saiba ler e escrever português. 2º Os cidadãos portugueses do sexo masculino, maiores e emancipados que, embora não saibam ler e escrever, paguem ao estado e corpo administrativo quantia não inferior a 100$00, ou alguns dos seguintes impostos: contribuição predial, contribuição industrial, imposto profissional e imposto sobre aplicações de capitais. 3º Os cidadãos portugueses do sexo feminino, maiores ou emancipados, com as seguintes habilitações mínimas:

a) Curso geral do liceu. b) Curso do magistério primário. c)Curso das escolas superiores de belas artes. d)   Curso de conservatório nacional ou do conservatório de música do Porto. e)   Curso dos institutos industriais e comerciais.

Não podem ser eleitores:

1º Os que não estejam no gozo dos seus direitos civis e políticos. 2º Os interditos por sentença com trânsito em julgado e os notoriamente reconhecidos como dementes, embora não estejam interditos por sentença. 3º Os falidos ou insolventes enquanto não forem reabilitados. 4º Os pronunciados definitivamente e os que tiverem sido condenados criminalmente por sentença (...) e ainda que gozem de liberdade condicional. 5º Os indigentes e, especialmente, os que estejam internados em asilos de beneficência. 6º Os que professem ideias contraditórias à não existência de Portugal como estado independente e à disciplina social. 7º Os que notoriamente carecem de idoneidade moral."

Destacam-se deste excerto a diferenciação de género e ainda a presença de obstáculos de teor económico, académico e ideológico ao voto livre e universal. Os obstáculos ao voto livre e universal resultam na discriminação social e política dos cidadãos.

A política do Estado-Novo não era aberta e incluente, senão que fechada e excluente. Num outro registo, em 1965, afirmava Rocha, N. acerca da política portuguesa: "(...) mentalidade estática, de uma nebulosa social que a rádio e a televisão, os jornais e a literatura, propositadamente, conscientemente são manobrados com sentido oculto (...). Não havia que se mostrar a verdade da emigração, que se dissesse se devia lamentar a partida dos trabalhadores, mas não era humano prende-los à miséria como um cão que se amarra ao terreiro imundo." (p. 27). "Lisboa, entretanto, dormia sobre este surto migratório. Ninguém se apercebia de que pelas fronteiras, legalmente ou como clandestinos, centenas de portugueses como que repelidos pelo meio em que viviam, passavam a fronteira. O sol do Terreiro do Paço estava coalhado pelos automóveis dos funcionários que despachavam tranquilamente nos seus gabinetes, mas era como se o sangue saísse das veias do País. A junta da emigração calava-se cúmplice, procurando que ninguém descobrisse o que se estava a passar." (Idem, p. 20).

A hipocrisia das classes dominantes, em Portugal, manifestava-se inclusivamente em publicações oficias, no sentido de justificar, portanto, no sentido atribuído por Bourdieu (1997), de universalizar a questão do desvio (quando as palavras usadas nos discursos oficiais se pretendem tornar universais, ou seja, em algo de comum e partilhado por todos nós, transformam-se em inquestionáveis). Tal fenómeno era dominante, nomeadamente, no que diz respeito à emigração clandestina, transformando-a num mero acto burocrático, informal e distante da realidade. As classes dominantes são sempre levadas a invocar, na luta pelo alargamento do seu poder, novas justificações que se pretendem universais: "(...) Segue-se que a universalização é a estratégia universal de legitimação, dando lugar ao que Heidegger designava de interpretação pública da realidade." (Bourdieu, P., 1997, p. 168). A repressão, por seu turno, manifestava-se através da caça ao engajador: "A cadeia de Melgaço estava repleta de indivíduos que se dedicavam a esse mister." (Rocha, N., 1965, p. 60). Contudo, a sangria humana não findava. O guarda-fiscal intensificava a sua acção repressora, mas os enganadores multiplicavam-se e novos ardis para o salto eram forjados.

A negação da realidade por parte das autoridades Portuguesas era simplesmente aterradora, ora vejamos: "Mais adiante, o relatório prosseguia: ao lado das medidas de prevenção e repressão do movimento clandestino (alargado pelo decreto 43 582, de 4 de Abril de 1961) e dado ser impossível impedi-lo pelas vias legais, dando as possíveis facilidades e organizando, em cooperação com as autoridades Francesas recrutamentos directos, visando quer a emigração permanente quer a temporária, tais facilidades abrangem, igualmente, os trabalhadores que emigram clandestinamente cujos receios da vinda a Portugal são infundados, visto que a junta da emigração lhes permite a regularização e lhes concede passaportes legais em presença de documentos que comprovavam estarem autorizados a trabalhar em França." (Idem, p. 75).

De facto, esta declaração oficial não é mais do que pura retórica, visando tanto a política caseira como as relações internacionais, mas não as pessoas reais. O capital humano era desprezado, reprimido e mantido na necessária ignorância. Segundo Rocha N. (1965), as autoridades espanholas ostentavam-se bastante mais flexíveis, facultando de imediato o tão almejado passaporte. Em Portugal, contudo, a concessão de passaporte, repare-se para turistas, dependia da informação fornecida pela respectiva Câmara Municipal – a qual recolhia a informação junto do padre, do professor, etc. - ao Governo Civil. Portanto, todo o processo da concessão do passaporte se encontrava devidamente controlado em termos políticos, dando azo a actos discricionários e a desvios económicos. A concessão de passaportes aos clandestinos regressados à terra natal decorria igualmente segundo o processo discricionário da polícia política. Aliás, a vizinha Espanha parecia tratar a emigração clandestina portuguesa com relativa benevolência: "Conta-se que a Espanha vai modificar o tratamento que até aqui era dado aos nossos emigrantes clandestinos, que uma vez ali encontrados, eram levados para as prisões, onde passavam de 15 dias a 2 meses. Se se trata, por exemplo, de outros estrangeiros são postos logo na fronteira. Os nossos tinham muito que passar por aquelas prisões. E, quando regressados era de cadeia em cadeia." (A Voz de Melgaço, 15 de Dezembro de 1966).

O passaporte apenas era facultado após o emigrante se encontrar no estrangeiro a trabalhar. A iniciativa primeira de legalização partia das autoridades francesas, concedendo a permissão de residência, desde que o emigrante demonstrasse encontrar-se a trabalhar. Por parte das autoridades portuguesas, a concessão do passaporte era facultada, aquando do regresso temporário. Em 1966, regista-se o maior número de legalizações, uma vez que foi dado a amnistia aos emigrantes ilegais que regressaram. Antes desta data, a situação do emigrante era deveras penosa, uma vez que o regresso poderia resultar em prisão. Vejamos uma carta enviada de França por um emigrante a um jornal de Melgaço: "(...) Limitar-nos ao castigo. Sim, ao grande castigo, pois são 5 anos. Quem manda pode, e oxalá possa sempre. Mas, quando chega a saudade, vontade nos dá de nos curvarmos a pedir perdão (...). Somos muitos a querer visitar os nossos, mas finalmente para já não podemos, pois temos de cumprir o castigo, para podermos ir e voltar (...). Terão pena de nós e certamente darão ordem aos seus representantes, para estes nos poderem dar passaportes com ida a Portugal e de regresso a este país. Sim, amnistiando-nos do castigo. Estou certo disso." (Notícias de Melgaço, 24 de Fevereiro de 1957, ano 29, nº 1233).

Para as autoridades francesas, o emigrante clandestino acaba por ser tratado com benevolência, entre outras razões, pela necessidade de mão-de-obra. O problema emergiu quando os emigrantes chamavam a si as mulheres no país de origem, sem antes possuírem casa própria com o mínimo de condições de salubridade.

O fenómeno do reagrupamento familiar, o qual é inerente ao mundo das relações afectivas, despertou os franceses para as condições de insalubridade e, mais importante ainda, para o fenómeno da emigração clandestina vivida, na Europa, apenas pelos emigrantes portugueses e pelos jugoslavos.

A política portuguesa face à emigração insere-se no âmbito da situação política do Salazarismo e da situação internacional, a partir da qual a sua política oscila ao sabor da classe dominante: "No início da década de 50, estava vedado, à grande maioria da população portuguesa, a possibilidade de emigrar, de ultrapassar a raia da fronteira. Este empedimento resulta, por um lado, do processo discricionário na concessão de passaportes – o decreto-lei 33 918, de 5 de Setembro de 1944 – estipulava no seu artigo 17º: 'é vedada a concessão de passaportes a operários de qualquer indústria ou trabalhadores rurais, por outro lado, da entrada em vigor do decreto-lei nº 36 199, de 29 de Março de 1947, que no seu artigo primeiro suspendia a emigração (...)." (Pimentel, D., 1991, p. 50). É curioso verificar que, segundo Rodrigues, H. (1994), o passaporte concedido, aquando da emigração para o Brasil, não raras vezes era colectivo, até porque a relutância face à emigração intercontinental era menor: "Do exposto conclui-se que a partida de grupos unidos por laços familiares (...) é o que melhor define a diáspora familiar para o Brasil." (p. 109). Segundo Pereira, M. (1993), a concessão do passaporte familiar para o Brasil teria diminuído, em finais do século XIX.

As autoridades portuguesas consideravam o chamamento familiar para França como sendo uma perda irreparável, algo extremamente perigoso que poderia conduzir a pátria a afastar-se dos seus desígnios atlânticos e coloniais. Daí que a emigração colectiva e familiar dirigida para o Brasil se afigurasse, pelo contrário, como sendo um ganho, na perspectiva colonialista dum Portugal de Melgaço a Timor: "Quanto à emigração por chamamento familiar permitiu-se admitir que ela poderá contribuir para transformar uma emigração, que eventualmente poderia ter um carácter provisório, em emigração definitiva, se assim se lhe pode chamar, pois anulará os laços sentimentais que assegurem o português residente em qualquer parte do mundo à mãe-pátria." (Notícias de Melgaço, 21 de Abril de 1963, ano XXXV, nº 1463): Em seguida, apresentamos aos leitores as condições nas quais a emigração se deveria regular: "Para emigrar, torna-se indispensável possuir passaporte da junta de emigração. É condição essencial para obter passaporte da junta de emigração provar ter manutenção ou trabalho assegurados no país de destino. Quer dizer, possuir naquele país, parente até 3º grau que envie carta de chamada ou pessoa de responsabilidade que mande contrato de trabalho, em condições satisfatórias. Quais são as principais condições exigidas aos emigrantes?

- Comportamento moral e civil.
- Os que tenham sofrido já qualquer condenação dos tribunais, mesmo ligeira, devem procurar saber primeiro por intermédio da Câmara Municipal, se tal facto é impeditivo (...).
- Habilitações literárias.

- Para emigrar é preciso, regra geral, saber ler e escrever correctamente e todos os que tenham idade compreendida entre os 14 e os 35 anos são obrigados a provar ter pelo menos, o exame da 3ª classe da instrução primária.
- Conhecimentos profissionais.

Como obter o passaporte de emigrante?

O passaporte da junta de emigração é obtido pelos interessados através da Câmara Municipal do seu concelho (ou administração de bairro em Lisboa e Porto) sem ser necessário irem mais além, mediante a apresentação de diversos documentos, que lhe serão indicados na referida Câmara.

Onde colher informação?

Todas as informações devem ser pedidas na Câmara Municipal do concelho de residência (...) e que está prestes a prestar todos os esclarecimentos, imediatamente, ou depois de ouvida a junta de emigração.

Data de embarque: A demora que por vezes se regista no envio da licença de emigração em relação aos que seguem em 3ª classe é motivado apenas por falta de lugares nos navios e não por atraso da junta de emigração.

Casa do emigrante: Aos que tenham parentes nos portos de embarque, recomenda-se as casas de emigração, onde, por preços módicos, ficarão alojados e terão assistência gratuita (...). Recomendações e pedidos: As recomendações e pedidos para nada servem porque na junta de emigração não podem favorecer uns em prejuízo de outros (...)." (Noticias de Melgaço, 22 de Novembro 1959, ano 1341, ano 31). "Esclarece-se a referida junta:

1ª A emigração que se vem verificando para França processa-se por duas maneiras: A) Por chamamento familiar. B) Por recrutamento efectuados pela junta. (...):

3º Se a falta de mão-de-obra assume, em alguns regiões, aspectos graves, tal se deve, essencialmente à emigração clandestina que as autoridades procuram combater (...). E registou também como duro exemplo duma situação nada brilhante, que, em Castro Laboreiro, se apresentou à inspecção militar um único mancebo – e era coxo." (Idem, 21 de Abril de 1963).

"Desde há meses, não pouco elevado número de trabalhadores portugueses vem sendo repatriados para Portugal ao cabo de bem dolorosas privações, resultado da tentativa de emigrar clandestinamente para França (...). A emigração para França, mercê das providências do Governo Português, é hoje cercada de benefícios que seguem a via regular:

- Salários mínimos razoáveis.
- Defesa da profissão.
- Segurança social e abonos de família (conforme acordo ultimamente celebrado entre Portugal e França).
- Inspecções médicas e vistos gratuitos, etc. (...).

Tais autorizações de entrada são concessões das autoridades francesas e corporizam-se nos contractos de trabalhos e nas autorizações de residência que, emitidos pelos respectivos departamentos do Governo Francês, a pedido de firmas interessadas ou de familiares dos pretendentes que vivem legalmente em França, são remetidos à junta de emigração por intermédio do Office de Emigration." (Idem, 26 de Março de 1961, ano 33, nº 1393).

Entre outras razões, a relutância portuguesa face à emigração advinha do facto de atenuar a política tradicional do povoamento das províncias ultramarinas. O exemplo do dito encontra-se escrito na Voz de Melgaço, no qual os fenómenos migratórios eram afigurados de modo fatalista, lamentando-se das vastas extensões de terra por povoar nas colónias. Mas, na realidade, para o emigrante as viagens para África ou para a longínqua Ásia eram bastante mais caras do que as realizadas para a Europa. O Noticias de Melgaço, de 22 de Novembro de 1959, ano 31, nº 1341, alerta os leitores de forma destacada e a negrito para a diferença entre ser emigrante, ou seja, trabalhar por conta de outrem – "ser um Zé-ninguém, e seguir por sua conta" – ou seja, ser socialmente alguém nas ex-colónias de Angola e Moçambique: "Os interessados podem seguir, por sua conta, desde que provem, perante a companhia de navegação portuguesa onde comprem as passagens, estarem dentro de qualquer das condições previstas no art. nº 1 do decreto-lei nº 40 610, de 25 de Maio de 1956:

1.Ter parente no território colonial.

2.Ter parente, com direito a alimentos, de pessoa com residência permanente nesse território.

3.Ser diplomado por escola superior.

4.Ser comerciante matriculado em território português.

5.Ser proprietário de bens imóveis, situados em território português, cujo valor matricial seja igual ou superior a 50 000$00.

6.Deslocar-se em viagem de recreio, estudo ou negócio.

7.Exercer profissão por conta de outrem, no comércio ou na indústria, nos termos do art. nº 4.

8.Prestar caução nos termos do art. nº 5.

Aos indivíduos necessitados podem ser concedidos, a seu pedido, passagem de colono por conta do Estado, fornecidas pelo Ministério de Ultramar, sendo, por isso, necessário possuir termo de colocação passado na província de destino, por patrão ali residente e remetido ao Ministério de Ultramar por intermédio dos governos ultramarinos." (p. 1).

Os obstáculos económicos, académicos, sociais e políticos à saída para as ex-colónias ostentavam-se muito mais acentuados quando comparados com os obstáculos colocados à emigração continental. Na realidade, viajar para França, ainda que ilegal, revelava-se mais fácil do que para África, por exemplo, uma viagem de barco até Angola durava, por vezes, cerca de um mês.

Perante esta incongruência é possível interrogarmo-nos até que ponto é que a emigração para França não seria, de facto, favorável ao regime totalitário? A penalização portuguesa da emigração aparece, segundo Lima, A. (1974), já em 1919, mediante uma pena correccional de 15 dias a 3 meses de prisão (decreto 5654, de 10 de Maio de 1919): "Em 1947, foi criada a junta de emigração, composta por um presidente e 8 vogais, um dos quais da polícia internacional de defesa do estado (PIDE) que tinha entre outras funções de garantir a remessa pelos emigrantes ou o pagamento em Portugal de parte dos seus salários (alínea C do artigo 1º do decreto lei 36 558)." (p. 43). A polícia política (PIDE) detinha entre outras funções a de controlar a emigração. Em 1966, é publicado o decreto-lei 46 939 que prevê a pena maior de dois a oito anos de prisão para todos os que auxiliarem a emigração clandestina.

Quando Marcelo Caetano era Presidente do Conselho, em 1969, mediante o decreto-lei 49 400, de 24 de Novembro, o emigrante clandestino passou a ser punido apenas com uma multa, salvo quando se tratava de indivíduos que pretendiam fugir ao cumprimento do serviço militar.

Para Pereira, M. (1981), a orientação repressiva de Portugal face à emigração é uma constante ao longo de 500 anos de história, ou seja, desde os descobrimentos. A autora dá especial relevância aos condicionalismos institucionais, uma vez que estes influenciaram a maneira de emigrar. Tal facto representa um enorme paradoxo, pois Portugal verteu-se para fora através da sua fronteira marítima: "A tradição existente, neste período, neste domínio era a de uma orientação repressiva, embora decidir construir a sua vida em país que não aquele onde se nascera fosse opção com raízes antigas, em Portugal." (Pereira, M., 1981, p. 48). A tradição repressiva portuguesa mantinha-se mesmo quando a pressão demográfica justificava a aprovação, pois a emigração poderia aliviar os conflitos sociais. Por vezes, a repressão diminuía, tal como sucedeu a partir de 1870, mas nunca foi explicitamente legal, segundo a autora acima citada.

Algo de profundamente paradoxal se desenvolvia nos espíritos dos dirigentes políticos, em meados do século XX! Segundo Pimentel (1991), apenas em 1970, o Conselho de Ministros, na resolução de 2 de Julho, acorda para a questão, retirando alguma da componente repressiva dos anteriores diplomas, extinguindo-se, por exemplo, a célebre Junta da Emigração. No entanto, emigrar continuava a constituir um delito.

Em Melgaço, as notícias acerca da emigração e do contrabando começam a aflorar a partir dos anos cinquenta. É através de A voz de Melgaço, dirigida pela igreja católica, que tais relatos, sobretudo; os referentes ao fenómeno migratório, aparecem. Os membros do clero viajam até Paris, relatando a viagem e o reencontro com muitos conterrâneos emigrados. O discurso presente em A Voz de Melgaço flui num misto de resignação, de fatalismo e de alegre folclore (o encontro entre conterrâneos era uma celebração social festiva e nostálgica).

Mas também, por vezes, de alarme e de preocupação, a qual era igualmente partilhada pela igreja francesa. Na edição de 15 de Maio de 1965, denota-se claramente a preocupação da Igreja perante o fenómeno migratório: "(...) O desgaste que na fé, na família, no patriotismo, pode causar, a migração, se a igreja se encontra preguiçosa aos graves problemas dos seus filhos. Ai de nós". Em 1 de Outubro de 1965, é-nos fornecido pelo mesmo jornal o número de 350 padres portugueses presentes em França: "Trabalham neste país e com grande sentido de apostolado junto da classe trabalhadora, 350 padres operários. E há mais de 70 seminaristas com o propósito de se dedicarem ao mesmo método apostolado." (Idem). Relata-nos A voz de Melgaço, em 15 de Outubro de 1966, num artigo intitulado por terras de França: "(...) e o Fonseca? Aqui tão humilde, tão bom rapaz é certo, mas pobre, já lá, o encontrei, na sua 'casinha' que ele comprara com uma parcela de terreno e não faltava já a sua televisão. O Fonseca e a Beatriz (...) de Oleiros que deus os ajude! E que bonito: subiram da pobreza com o seu esforço e lá vão subindo na vida, mas ainda não sabiam do falecimento dos nossos queridos companheiros de Oleiros, pois, nem um nem outro sabem ler". Ainda mais explícita da incorporação da problemática da emigração no pequeno jornal A voz de Melgaço, é a edição de 1 de Fevereiro de 1967, intitulada: Emigração problema número um no Minho: "Todo o país é afectado por esse grande problema que é o da emigração. Falemos, particularmente, do que nos diz respeito, à nossa província e, de um modo especial, a Melgaço, É sabido que grande parte dos nossos contemporâneos deixam a terra que lhe foi berço para procurar noutras, no estrangeiro, o pão-nosso de cada dia, muitos deles, que a sorte sobeja, ganham proventos, que depois, os revertem na terra onde nasceram. Veja-se, por exemplo, a febre da construção civil que vai por todo este concelho. Certamente que é dinheiro dos emigrantes que nunca esquecem a sua querida terra, que lá longe vive dentro deles. A presença da terra e dos seus familiares é sempre sentida e vivida por quem um dia abandonou tudo para um rumo melhor nas suas condições de vida. Porém, há outros, e nesse número estamos nós, que nunca abandonamos esta querida terra talvez que é próprio do ser humano. Não quero dizer com isto que há, em nós, tom de censura, no que outros pensam e desejam ser realizado. No entanto, apesar de não possuirmos ambições, nos limites da nossa vida, sentimos à nossa volta um bem-estar de vida (...). Talvez um dia pensássemos em ir de alongada pelas terras de África, das nossas províncias ultramarinas. É uma coisa que nos fala ao nosso sangue.".

Contudo, ainda mais rico e enigmático afigura-se um artigo editado, em 1 de junho de 1966. É enigmático porquê? Porque o cabeçalho dirige-se para a vizinha Galiza como se ela fosse um exemplo a seguir, ou seja, exterioriza-se o sentimento de abandono, de fatalismo para fora não apenas mediante a escrita, mas para fora também em termos espaciais, dando o exemplo da vizinha Galiza, como que desejando fugir à censura.

Intitula-se o artigo: "Uma lição da Galiza para os nossos emigrantes". Note-se que o exemplo a seguir deveria ser imitado pelos emigrantes e não pelos responsáveis políticos. O artigo centra a sua atenção nas condições geográficas da província de Ourense: minifúndio, socalcos, cultura extensiva, etc., acentuando o fenómeno emigratório como um abandono – como se tratasse de uma traição à pátria, tal como se encontra implícito no anterior artigo. Porém, ostenta a realidade económica das remessas financeiras vindas de França – "continuando Ourense a ser uma das províncias mais pobres de Espanha". Qual seria afinal a lição a retirar da vizinha Galiza? De facto, os caminhos sinuosos da censura foram profundos!

Em finais da década de 60, os bancos Portugueses instalaram-se em França, evitando, por exemplo, que o emigrante colocasse o dinheiro em bancos franceses, não podendo depois investir em França: "Por outro lado, não se ignora que o emigrante português cobre, com as suas remessas de divisas, mais de 80% (em 1971 cobria já 83% do défice da balança de pagamentos portuguesa)." (Lima, A., 1974, p. 24). "A série de valores apresentada revela um crescimento muito rápido, o qual é principalmente notório, a partir de 1966. O montante do crédito de transferências privadas efectuadas no conjunto dos vinte anos (1950-1970) é de 52 637 milhares de contos, dos quais 3,6% entraram durante o segundo período, 19,2% no terceiro quinquénio e 64%, nos últimos cinco anos do período estudado, o que é indicativo de uma taxa de crescimento muito elevada." (Marinho, A., 1973, p. 45).

Para Pereira, M. (1981), a relutância das autoridades portuguesas perante a emigração clandestina e continental advém, desde o início dos descobrimentos. Julgamos que tal relutância, no século XX, se relaciona com as pretensões coloniais portuguesas. Vertendo-se Portugal inteiramente para o atlântico, em detrimento das relações com a restante Europa. Contudo, quando progressivamente o sonho colonial se desmorona, a emigração acaba por contribuir para o esforço de guerra e para aliviar as tensões sociais vividas.

O que causa perplexidade é o facto das autoridades portuguesas nunca terem permitido a livre emigração, sendo, no entanto, um país completamente vertido para fora de si, uma vez que no entender dos dirigentes políticos os seus desígnios se encontravam dispersos pelo planeta. Algo de perverso e paradoxal aqui se revela!

A resposta francesa

O Sr. Peres conduzia os emigrantes de automóvel até Ourense. Contudo, prenhe de ira porque a camioneta, agora, se dirigia directamente até Melgaço, perdendo ele o seu ganha-pão, envia ao Sr. Rocha, jornalista melgacense radicado na área de Lisboa, uma missiva, explicando o sucedido. Este último, pela primeira vez, apercebeu-se da cruel realidade que envolvia a questão da emigração. Muitos outros jornalistas despertaram para a dolente questão, solicitando, nos seus escritos, somente que o governo abrisse negociações com a França, no sentido de se estabelecerem acordos bilaterais, apaziguando, deste modo, a situação pungente dos emigrantes clandestinos. No entanto, na Lisboa, de então, o assunto migratório era apenas discutido entre breves murmúrios junto de alguém de confiança; não fosse o diabo tecê-las.

Tanto para França como para Portugal, a questão era de carácter económico e político, radicando aqui a explicação para a neglicência portuguesa; o império sentia-se envergonhado, mas orgulhosamente só. Os salários para os trabalhadores rurais, em Portugal, oscilavam entre os 12 escudos dia, já em França os trabalhadores logravam sete mil escudos mês, trabalhando na construção civil.

Realizaram-se acordos de trabalho entre Portugal e França, em meados dos anos 60, sendo o mais importante, o de Novembro de 1963. Contudo, este não incluía os milhares e milhares de clandestinos a trabalhar em França. O protocolo Franco-Português fixou em 65 000 o contingente máximo de emigrantes por ano admitido pela França, tentando controlar o fluxo emigratório e identificar os emigrantes. A amnistia para os clandestinos teimava em demorar. E a concessão de passaportes turísticos persistia também a sua penosa caminhada, segundo os ditames discricionários da ditadura política ou mediante o pagamento de uma quantia razoável à polícia política, o qual era considerado como sendo um procedimento normal. Não se tratava dum desvio face às regras e aos cofres do Estado.

Pelo contrário, o contrabando, esse sim, era considerado um crime, embora, por vezes, quem controlava a rede contrabandista, próxima das redes mafiosas, e longínqua das redes sociais de apoio das famílias extensas e da solidariedade ancestral, fossem precisamente os dirigentes da polícia política. Não é, porém, esse género de contrabando que aqui é aflorado.

A negação do problema também se estende à própria política francesa. Nos anos cinquenta, os emigrantes italianos regressaram ao respectivo país, dirigindo-se para os pólos industriais em crescimento. Os espanhóis emigravam para a Alemanha. Restava aos franceses o incansável trabalhador português para proceder à reconstrução e ao desenvolvimento do país. A França necessitava prementemente de igualar os seus parceiros europeus, em termos económicos. Segundo Rocha N. (1965): "O Fígaro expunha o mesmo problema: as condições de trabalho eram melhores na Alemanha e a mão-de-obra estrangeira estava a procurar aquele país, pelo que a França começava a ter uma dramática falta de trabalhadores." (p. 154). Neste cenário, o emigrante português, clandestino ou não, não poderia ser repelido. Algo de semelhante sucedeu aos emigrantes jugoslavos clandestinos. Os portugueses em conjunto com os argelinos e os jugoslavos constituíam a principal mão-de-obra em França. Este fenómeno foi facilitado pela existência de redes sociais de apoio já estabelecidas entre os portugueses, as quais foram também fortalecidas pela acção da Igreja Católica, como o comprova a transcrição dos relatos presentes em A Voz de Melgaço. A França, em reconstrução, lograra aumentar visivelmente a produtividade. Exigiam-se melhores salários, melhor e mais segurança social, redução no horário de trabalho. Neste contexto, as actividades menos remuneradas não eram pretendidas pelos franceses. Eis que os franceses descobrem os portugueses. Paris depressa se torna numa das cidades com maior número de cidadãos portugueses: "E o patrão Francês rejubilava com este homem do sul da Europa, este homem bom e robusto, insensível à fadiga, sem exigências que trabalhava das sete da manhã às 11 da noite (...)." (Idem, p. 75). Curiosamente, enquanto se censurava a emigração (a própria miséria era censurada, num registo fatalista), o país recebia avultadas remessas vindas de França, precisamente do execrável país da libertinagem e da democracia representativa, do perigoso estado providência que apenas enfraquecia e degradava a raça: "Desde os tempos do contrabando de café que não se tinha ganho tanto dinheiro, em Melgaço, como agora por causa da emigração clandestina para França." (Idem, p. 22).

Durante largos anos, o Estado português, incapaz de criar as estruturas económicas e sociais necessárias à manutenção e ao desenvolvimento, alimenta-se da saída de muitos portugueses e beneficia do envio das remessas financeiras: "A atitude do governo, dada a escassa produção legislativa nessa matéria, pode considerar-se de quase indiferença e, ao mesmo tempo, de conivência, já que a emigração contribuía para atenuar alguns graves problemas do país." (Pimentel, D., 1991, p. 49).

A questão da preocupação francesa com os clandestinos aflorou, como já foi afirmado acima, por questões de salubridade, aquando do reagrupamento familiar. Em Paris, os deputados da oposição protestavam veementemente contra a situação do imigrante português. Contudo, suspeitavam da existência de jornais de índole marxista entre os imigrantes, como se eles fossem celebrar uma conspiração contra a República Francesa; mantendo-se a política francesa também estática face à emigração clandestina. Portanto, tanto da parte francesa como da portuguesa a má-fé oportunista persistia. Será escusado afirmar que a corrupção, a cumplicidade das autoridades, das classes dominantes era intensa. Todas as partes beneficiavam do ilícito, do desvio. Contudo, os efeitos da crise económica interromperam o recrutamento dos imigrantes, autorizando, no entanto, o reagrupamento familiar, o que implicava o aumento dos custos relativos à educação, à saúde e à segurança social, por parte da sociedade de acolhimento. Segundo Pimentel D. (1991), no período entre 1974 e 1981, a França desenvolveu medidas repressivas contra a imigração: a suspensão de trabalhadores permanentes, medidas contra o reagrupamento familiar, reactivando o fluxo do retorno. Mas, entre 1981 e 1986: "(...) as preocupações centram-se na melhoria das condições de vida (...), reafirmação do direito absoluto ao reagrupamento familiar (...)." (Idem, p. 40). Na década de 80, devido à reestruturação industrial, o Estado Francês fornece incentivos ao retorno para o país de origem. Contudo, tal política obteve efeitos reduzidos: "Com efeito, os emigrantes que acolheram favoravelmente este tipo de acção foram aqueles que já tinham intenção de regressar ao seu país, quer por já terem atingido os seus objectivos, quer pelo fracasso da sua emigração." (Idem, p. 41). A questão do regresso relaciona-se directamente com a da identidade: "(...) os trabalhadores estrangeiros não aceitaram passivamente o regresso (...) ao seu país, já que são frequentes os problemas de adaptação, tanto mais graves quanto mais longo for o período de permanência no país de acolhimento. Também os filhos dos imigrantes, muitos deles nascidos, em França, e cujos laços que os unem à terra de seus país se resumem geralmente ao curto período de férias de verão, será mais um factor de inércia, impedindo o sempre falado, mas sucessivamente adiado retorno às origens." (Idem, p. 42). A integração portuguesa na CEE alterou o estatuto do emigrante português a residir no espaço Schengen. O emigrante ganha o estatuto de cidadão europeu.

A explosão demográfica no século XX

A demografia é uma área interdisciplinar, abarcando disciplinas como a matemática, a estatística, a medicina, a economia, etc. É convencional atribuir o seu aparecimento ao economista Thomas Robert Malthus, em 1798. Malthus advertia para a tendência constante da população crescer mais do que a produção dos alimentos necessários para garantir a sobrevivência, criticando e lançando a suspeita sobre a capacidade do homem se desenvolver até à perfeição: "A população, quando não controlada, aumenta em razão geométrica, enquanto a subsistência aumenta apenas em razão aritmética (...). Esta natural desigualdade dos dois poderes da população e da produção na terra e a importante lei da nossa natureza que deve manter a grande dificuldade que se afigura intransponível no sentido da perfectibilidade da humanidade." (Malthus, T., 1999, p. 28). Ao tema do crescimento demográfico voltaremos no capítulo destinado à imigração. Admiti-se, geralmente, que o crescimento da população portuguesa foi lento, desde a fundação da nacionalidade até ao século XV, com fases de despovoamento provocado pelos esforços guerreiros da reconquista, pelas fomes e pelas epidemias, por exemplo, pela peste negra, em meados do século XIV.

É usual atribuir à mortalidade um papel moderador da demografia no antigo regime, caracterizado pelo crescimento moderado ou mesmo estagnado. A explosão demográfica ocorreu, na Europa, de forma acentuada, no dealbar do século XX: "Foi na Europa que se conheceu a primeira revolução demográfica, não é um fenómeno novo que teria origem unicamente numa situação específica do terceiro mundo. Foi a Europa que conheceu a primeira revolução demográfica que quebrou o círculo Malthusiano de estagnação duma população. Entre 1900 e 1914, a população da Europa passa com efeito de 80 milhões para 450 milhões." (Corm, G., 1997, p.46). Após a Segunda Guerra mundial, ocorre outra explosão demográfica, em toda a Europa, ainda que de modo desigual, até aos anos 80: "A melhoria dos progressos médicos, no decurso deste século, a diminuição do custo das vacinas e a sua generalizada aplicação provocaram ritmos de crescimento da população mundial susceptíveis de aterrorizar os espíritos mais sensíveis." (Idem, p. 69).

A taxa de natalidade e a taxa de mortalidade constituem- se como sendo dois dos indicadores fundamentais para a explicação das oscilações demográficas. As migrações constituem a terceira variável a considerar. Nos últimos trinta anos, tem-se vindo a incluir outras variáveis. Estas variáveis ou índices dependem muito da idade média da população, o que causa graves distorções na leitura dos dados obtidos. Por exemplo, uma população com um grande número de pessoas idosas poderá ter um índice de mortalidade similar ao de uma população pobre, constituída na sua maioria por jovens. Os índices de fertilidade e de esperança média de vida têm sido contemplados, para evitar as distorções provocadas por variáveis que dependem da distribuição etária.

No caso peculiar português, segundo Almeida J. (1999), a emigração teria operado a destruição dos mecanismos auto-reguladores do antigo equilíbrio demográfico. Substituindo, no século XX português, o papel a esse nível desempenhado noutros países europeus pelas respectivas revoluções industriais. Somente na década de 70, se assistiu a um pequeno aumento demográfico. A descolonização e as restrições europeias aos fluxos migratórios repõem o lento crescimento. Portanto, enquanto que nos países ricos da Europa, os fluxos migratórios se dirigiam para os seus grandes pólos industriais, em Portugal, os pólos industrias, então criados, apenas absorviam a população residente nas suas imediações, o restante fluxo encaminhou-se para o estrangeiro. O fenómeno emigratório contribuiu para a estagnação ou para o lento crescimento da população portuguesa efectiva, quando comparada com outros países, nos quais se assistiu a uma verdadeira explosão demográfica: "Os grandes aumentos da população coincidem com períodos em que a emigração se tornou diminuta como em 1931-1949 e o que se segue em 1973." (Medeiros, C., 1986. p. 132). O regresso dos retornados das ex-colónias veio atenuar a sangria humana, facultando novas forças ao país. Ferrão J. (1997) refere a existência de um duplo regresso: "(...) o primeiro, mais concentrado no tempo (dois, três anos), envolve cerca de 600 000 pessoas provenientes de África (...), o segundo, temporalmente mais dilatado (prolongando-se até 1985), mobiliza próximo de 500 000 indivíduos oriundos da Europa como reacção à crise que se instalara nos países de destino da emigração dos anos 60." (p. 180). Ainda segundo o autor, os fluxos migratórios terão favorecido o processo de modernização em dois tempos distintos: "(...) numa primeira fase, pré-regresso, estimulou reestruturações e ajustamentos importantes (mecanização da agricultura, melhoria dos circuitos de distribuição de bens de consumo e de intermediação financeira, etc.), numa segunda fase, pós-regresso, diversificou e qualificou diversos segmentos do mercado nomeadamente no trabalho." (Ibidem).

Em Portugal, a explosão demográfica nunca chegou a ser muito expressiva. A emigração foi um dos seus elementos moderadores. Neste sentido, a emigração configura-se benéfica, uma vez que diminui a conflitualidade social e contribui para o crescimento económico. Contudo, para o concelho de Melgaço os fluxos migratórios resultaram na desertificação humana e física.

O fluxo migratório para a Europa manifestou-se de tal forma acentuado que em Castro Laboreiro não existiam homens, uma vez que quando atingiam os 16 anos de idade emigravam: "Ia permanecendo apenas uma população rarefeita e envelhecida nesses espaços, a que só as remessas e o retorno do emigrante emprestaram ainda a aparência de um certo dinamismo. E mesmo as transformações sociais ocorridas, nos anos 70, não pareceram ter alterado significativamente o quadro global da evolução negativa." (Pimentel, D., 1991, p. 96).

A situação económica

Ao longo dos tempos, a economia portuguesa tem-se revelado, à semelhança do seu território, pequena e fechada sobre si própria. Portugal caracteriza-se pela escassez de recursos naturais ou, então, pela dificuldade da sua extracção ou utilização. A produção agrícola revelou-se pobre e de subsistência, até porque as condições naturais não favorecem o desenvolvimento. Durante séculos, a economia portuguesa alicerçou-se nas actividades rurais. Os seus elementos mais dinâmicos foram: a pesca, a extracção de sal e o comércio marítimo. Este último tornava a actividade industrial num mero elemento acessório. No século XX, o Estado-Novo confere prioridade estratégica ao desenvolvimento agrícola, em detrimento do desenvolvimento industrial e dos serviços. No extracto que se segue, dá-se voz a Oliveira Salazar, o qual, em 1953, respondendo indirectamente aos que se batiam pela modernização da economia, afirmava no seu discurso de apresentação do plano de fomento: "Sabe-se que a indústria tem rendibilidade superior à agricultura e que só pela industrialização se pode decisivamente elevar o nível de vida. Temos, por outro lado, que a agricultura, pela sua maior rentabilidade, pelo seu enraizamento natural no solo e mais estreitas ligações com a produção de alimentos, constitui a garantia por excelência da própria vida (...)." (Lopes, J., 1997, p. 342). O regime conservador do Estado-Novo procurava evitar a ruptura das estruturas tradicionais, encarando o progresso industrial com desconfiança. Quanto à actividade agrícola, no que se refere ao norte do país, a paisagem do minifúndio e do socalco não facilitaram o desenvolvimento: "(...) todas as parcelas cultivadas têm um ponto comum: a sua extrema pequenez. Todas elas imensamente divididas e, para mais, exploradas. Nenhuma das parcelas ocupa mais de 2 000 ares e nenhuma pode sofrer mais divisões, segundo a lei nº 37." (Wateau, F., 2000, p. 36). A parcialização é também fruto duma estratégia agrícola, no sentido de evitar a erosão dos solos e de equilibrar a diversidade das actividades.

Os planos de fomento, então em voga na Europa, isto é, os planos de desenvolvimento a médio prazo, beneficiaram a indústria, em detrimento da agricultura. Apesar do discurso anti-industrial do Presidente do Conselho, o certo é que os três planos de fomento concebidos e implementados pelo Estado-Novo beneficiaram o sector industrial. Por exemplo, a primeira parte do plano Marshall, isto é, 55 milhões de contos, dirigiu-se maioritariamente para o sector industrial.

Concluindo, no plano da agricultura: "(...) além dos investimentos realizados pelo estado no domínio da florestação, da irrigação e da colonização interna e das ajudas concedidas à mecanização das lavouras a partir da segunda metade dos anos 60. (...), faltavam quase de todo redes de comercialização mais eficientes (sendo, todavia, de assinalar, com excepção, a constituição de adegas cooperativas) e de restruturação fundiária. Ainda por cima, até meados da década de 60, a política de controlo de preços, que era dirigida sobretudo (...) com o objectivo de reprimir a inflação e de manter os salários urbanos a baixo nível, em vez de favorecer a agricultura, agravou mais as dificuldades." (Lopes, J., 1997, p. 343). "Segundo a sistematização apresentada numa obra recente, da autoria de Sevinate Pinto et al., a agricultura portuguesa, depois de se constituir como um sector subalterno em 1950-1960, entrou em rotura com o tipo de crescimento baseado na indústria em 1960-1974, e acabou por se tornar verdadeiramente travão ao desenvolvimento socioeconómico. Descapitalizada no primeiro período, vê-se incapaz, no segundo, de responder às exigências cada vez maiores de consumo alimentar, relacionadas com a circulação crescente de dinheiro, sendo esta em boa parte consequência de uma orientação errada – ou de falta de orientação de distorção e ausência de coordenação na evolução ocorrida (...)." (Medeiros, C. 1986, p. 188). A situação de atraso estrutural da agricultura (ausência da mecanização, estrutura social anacrónica, etc.), no norte do país, encontrava-se presente no século XIX, como o ilustra Júlio Dinis em: Os fidalgos da casa mourisca.

Em Melgaço, em meados do século XX, a situação da agricultura manifestava-se sob a forma de subsistência, sendo a pobreza e a escassez algo endémico: "Passa de longo, ó viandante que Melgaço não é já aquela terra de outros tempos, onde a alegria esfusiava nos trabalhos de campo; estourava a cada passo por esses caminhos das romarias e na vila choviam fosquinhas para se assistir às festas populares do mês de Junho. Vai tão mudado isto cá por cima, que nem sequer as crianças apareceram a pedir tostãosinho para andarem por esses cantos o altar a Santo António (...). Ó leitor amigo! Não nos dirás onde poderemos ir buscar a cura deste nosso mal?" (Notícias de Melgaço, 14 de Junho 1959, ano 31, nº 1320).

"É grave a crise que a lavoura está a atravessar e cada vez os seus males e as suas dificuldades se estão tornando mais evidentes e a aumentar de volume em cada dia que passa.

É o solo, a quem faltam os fertilizantes e os correctivos que se vai negando a dar ao lavrador as décimas do suor e das despesas que lhe acarreta. É o vinho, armazenado nas adegas, sem procura e sem protecção que aguarda a hora fatídica da volta (...). É a fuga do trabalhador que, em legião e procurando melhores ares, vai enriquecer a terra alheia, contribuído com a sua ausência e a falta dos seus braços para maior empobrecimento da nossa agricultura. É a falta de rega (...).Tem o governo procurado, por diversos meios, melhorar a sorte da pobre lavoura (...). Neste concelho, graças à indignação que há anos o grémio da lavoura deu das necessidades e pretensões das freguesias, já alguma coisa se fez nesse sentido, e maiores e mais vastas teriam sido essas obras e esses benefícios se os povos não se activassem sem apenas a providência do estado." (Idem, 26 de Maio de 1963, ano XXXV, nº 1472).

Neste jornal, ao longo da década se sessenta, surgem várias notícias, em forma de apelo no sentido da construção duma cooperativa agrícola, no âmbito do segundo plano de fomento português. Em muitos artigos é referido o exemplo do vizinho concelho de Monção, como que espicaçando os Melgacenses, na acepção do conflito agónico proposto por Wateau F. (2000). Contudo, em Melgaço, quedaram-se pela construção dum grémio da lavoura: "O grémio da lavoura, pela voz do seu ilustre presidente, um nosso colaborador e amigo, professor (...), chamou a atenção dos agricultores melgacenses para as vantagens que resultariam da constituição de uma sociedade destinada ao estabelecimento da adega cooperativa no nosso concelho. Ninguém deu ouvidos à autorizada e insistente defesa desse importante empreendimento (...). O II plano de fomento destina avultada verba para a construção de Adegas Cooperativas e no seu financiamento." (Idem, 3 de Novembro de 1963, ano XXXV, nº 1490).

A agricultura, tal como a indústria, encontrava-se fortemente condicionada pelo Estado como o atestam alguns artigos do Notícias de Melgaço: "Nos termos do decreto nº 33 644 de 21 de Fevereiro de 1944, os proprietários de produtores directos que subsistirem depois de 31 de Dezembro, daquele ano e enquanto não forem arrancados, ficam sujeitos ao pagamento de 5$00 e 15$00 por cada pé de videira. Na defesa do tipo e qualidade do vinho procura-se com aquela providência legal eliminar a cultura dos produtos directos (...)." (30 de Janeiro de 1966, ano XXXVII, nº1585).

"Da Junta Nacional dos produtos pecuários, recebemos a tabela da carne de vitela que a seguir publicamos, aprovada por portaria do Diário do Governo, nº 182 – 1ª série, de 4 de Agosto de 1964 (...). Chamamos a atenção das dignas autoridades e especialmente dos serviços da I.G para fazerem cumprir o que está determinado por lei, pois o que está passando com o preço da venda de carnes neste concelho, é deveras abusivo." (6 de Setembro de 1964, ano XXXVI, nº 1525). Quanto à evolução do sector industrial, no século XX, o Estado-Novo impulsiona efectivamente a indústria portuguesa. No entanto, entre as décadas de 30 e 40, segundo Rosas F. (2001), as mudanças efectuadas foram exíguas, até porque se temiam mudanças bruscas no tecido social português.

Segundo Medeiros (1986), também a segunda Guerra Mundial condicionou o fraco crescimento industrial verificado, dando como causa fundamental as dificuldades no abastecimento ao país.

O Estado-Novo remetia para a iniciativa privada o papel fundamental da actividade produtiva, mas a economia de mercado encontrava-se muito limitada. A economia era extremamente centralizada: "(...) Estavam ainda muito generalizadas as intervenções administrativas sobre os preços (...). Disciplinava-se a evolução dos salários através da aprovação pelo governo dos instrumentos de contratação colectiva. Regulavam-se rigidamente as taxas de juro e a taxa de câmbio. Reprimia-se a concorrência em muitos mercados (...). Comandava-se a evolução de vários sectores – chave da economia (electricidade, produtos petrolíferos, transportes aéreos, marítimos e ferroviários, etc. (...). Dirigiam- se as decisões dos investigadores privados através do condicionamento industrial, dos incentivos fiscais, de isenção aduaneiras atribuídas caso por caso. (...) mantinha-se um proteccionismo significativo contra a concorrência externa, não obstante os grandes avanços no sentido da liberalização promovidos pela OCDE e pela EFTA." (Lopes, J., 1997, p. 337). Neste cenário, quer o sector agrícola quer o industrial se revelaram fracos e dependentes do exterior. Assim sendo, a economia portuguesa propiciava a repulsão física, social e psíquica: "De facto, perante a inércia do subdesenvolvimento e da forte pressão demográfica responsável, em parte pelo baixo nível de salários, sair do país constitui, durante muitos anos, o único caminho para escaparem à miséria." (Pimentel, D., 1991, p. 55).

Apesar da adesão à OCDE e à EFTA, a centralização da economia portuguesa persistiu até 1970: "Foi só em 1970 que se deu um passo significativo no sentido da liberalização com a retirada do regime de condicionamento de um conjunto apreciável de actividades industriais (decreto lei nº 393\70, de 19 de Agosto). E a liberalização total só veio a ser decretada após o 25 de Abril (decreto lei nº 533\74, de 10 de Outubro)." (Lopes, J., 1997, p. 359). A crise petrolífera teve especial importância na revolução dos cravos. O retorno dos portugueses, vindos das ex-colónias, impulsionou a necessidade de importações, agravando a balança comercial. Segundo Medeiros (1986), as consequências do choque petrolífero, em Portugal, foram três vezes maiores do que em França. Após o 25 de Abril, o Estado continuou extremamente centralizado e intervencionista, deste feita, pela esquerda.

Mediante a adesão à CEE, Portugal passa a inserir-se de modo integral num vasto mercado internacional, o que não aconteceu sem receios da perda do controlo económico e da soberania, sobretudo, face à Espanha. Portugal inscreve-se, deste modo, no âmbito da divisão internacional do trabalho, como um país periférico, quando comparado com os grandes centros de desenvolvimento europeu.

Quer pela existência duma ditadura, cujo modelo de desenvolvimento era retrógrado, quer pelas débeis condições naturais, quer ainda pelo fraco desenvolvimento dos recursos humanos – é de salientar que em termos de literacia Portugal se encontra entre os países em vias de desenvolvimento – a situação económica continua propícia à repulsão, à fuga socioeconómica e psíquica.

Em Melgaço, a indústria confinava-se, grosso modo, à construção civil, à extracção de granito e à indústria da madeira. Melgaço era (e ainda permanece) um concelho rural, voltado quase em exclusivo para as actividades agrícolas de subsistência, como nos dá conta o Notícias de Melgaço, de 2 de Fevereiro de 1958, ano 29, nº 1269: "Num concelho rural como o de Melgaço, em que até os mais ricos se entretêm um pouco com os trabalhos da lavoura, é pena para a indústria agrícola estar ainda na infância. (...) não sem perguntar se não seria este um dos meios de fixar na terra muitas das pessoas que sonham com a vida das cidades."

A exploração do volfrâmio, no decorrer da II Guerra Mundial, trouxe algum alento à economia melgacense. Portugal, em 1942, estabelece um acordo comercial com a Alemanha, em troca de aço, ferro, armamento e vagões de comboio. Os alemães controlavam a exploração de volfrâmio, embora esta também se exercesse a céu aberto por indivíduos isolados, segundo nos foi confidenciado pelo Senhor (...) natural de Fiães. A importância do volfrâmio para as populações locais residia no facto de se constituir como o segundo elemento (o primeiro foi o contrabando) dinamizador da economia e das expectativas na melhoria da vida. As quais somente se concretizaram através da emigração.

O volfrâmio gerou uma autêntica febre entre as populações. O afirmado acima é admiravelmente descrito por Aquilino Ribeiro: "Até bem longe, a mil e quinhentos metros, se via gente, mulheres que lavavam a terra mineralizada ao ar livre e debaixo de telheiros, braços arremangados, pés descalços (...). Rapazotes, com boinas de homem, sem côr à força de usadas, a carne tenra a espreitar das camisas cheias de surro e em frangalhos, vinham baldear no monte o carrinho atestado de calhaus em que coruscavam com o sol as pirites e palhetas de volframina. Mais ao largo, o grande caterva de homens abria uma trincheira, e outra, para o môrro, levava um banco de pedra e saibro ponta de ferro e picareta. Aqui e além trabalhadores brocavam a rocha, enquanto a outros incumbia carregar os tiros de pólvora bombardeira. (...). Era subterrânea, por vezes a dezenas de metros de profundidade, que se exercia a actividade capital da mina (...). À superfície era como um arraial (...)." (1943, p. 60).

Ao longo de muitos anos, nas páginas do Noticias De Melgaço são exigidas, usualmente, na forma dum apelo difuso, a construção da linha de ferro até Melgaço, o investimento industrial e, no âmbito da construção civil, a construção de uma escola primária, substituindo a escola Conde Ferreira, situada na Praça da República:

"A imprensa local insistentemente se tem ocupado do caso, mas até hoje ainda não foi construído o edifício escolar, já previsto há mais de 20 anos no plano dos centenários." (14 de Dezembro de 1958, ano 30, nº 1302). O atraso estrutural português é visível na lentidão com que as autoridades acudiam às necessidades mais básicas da população. Não se tratava de pretensões desmedidas, mas de necessidades prementes e básicas, tais como a construção duma escola primária ou de um hospital novo.

Quanto à indústria hoteleira, o Notícias de Melgaço refere, em 1958, a falta de infra-estruturas de apoio aos hotéis então existentes: "O problema hoteleiro em Melgaço (...) À parte os razoáveis hotéis que na época funcionam no Peso, nada mais temos senão uma pobre pensão e umas míseras tavernas! (...). Como podemos, pois, desejar que os nacionais ou os estrangeiros nos visitem (...)." (23 Novembro de 1958, ano 30, nº 1300). É curioso verificar que as características estruturais acima descritas, ainda hoje, se mantêm no essencial.

O contrabando

A população rural, a braços com a escassez dos seus recursos económicos, foi obrigada a alargar as fontes de rendimento. Uma delas e, nas áreas de fronteira, foi o contrabando: "O contrabando, trata-se à partida daquilo que a ciência económica designa por "economia submersa" ou informal, ou seja, todas as actividades cuja existência, produção e lucro não são objecto de qualquer declaração às autoridades económicas responsáveis e cujos resultados financeiros são frequentemente depositados numa entidade bancária local." (Corm, G., 1997, p .89). Segundo o autor existem dois tipos de actividades económicas desviantes: As que se escondem por serem ilegais, em especial o cultivo e o comércio de droga, o tráfico de armas, etc. As que se escondem para prevenir imposições fiscais quer se trate de direito aduaneiro ainda importante no terceiro mundo (contrabando), o IVA ou do registo de transacções prediais, etc. O contrabando pertence à segunda categoria descrita. O contrabando aqui abordado insere-se numa economia de subsistência de carácter familiar, de cooperação entre as populações raianas, de modo a aportarem rendimentos acrescidos aos parcos recursos económicos. Os quais eram constituídos basicamente pela exploração da terra, do gado e do rio Minho. O rio torna-se, precisamente, no protagonista duma parte considerável do contrabando efectuado. O rio como obstáculo natural, dividindo duas nações, constitui-se como a estrada, a ponte virtual mediante a qual os produtos contrabandeados passam dum país para o outro.

Nos jornais de Melgaço, até meados da década de sessenta, é frequente encontrar informações referentes ao contrabando. No período posterior, a censura terá actuado com mais veemência; são frequentes as alusões aos puxões de orelha. As várias informações transcritas são notícias veladas para contornar a censura. Ilustrando o contrabando de sobrevivência e de pluriactividade, tendo como cenário o rio Minho: "No rio Minho e na área da freguesia de Alvaredo, pelas 3 horas da manhã de 1 para 2 do corrente mês de Julho seis rapazes resolveram fazer viagem à vizinha Galiza e vá de meterem-se todos juntos numa pequena e frágil batela e de remar para a margem espanhola.

Mas quer fosse pelo excesso de carga, quer por esta se deslocar, a meio do rio a batela voltou-se e nas poucas águas do rio Minho desapareceram três improvisados marinheiros, conseguindo salvar-se outros três." (Notícias de Melgaço de 5 de Julho de 1959, ano 31, nº 1323).

"No passado dia 29 pelas 8 horas, quando andava a apanhar lenha no rio Minho, virou-se a batela, como as águas do rio não tinham cabelos apareceu afogado (...)." (Idem, Setembro de 1959, ano 31, nº 1330.

"(...) Neste ano de 1956, dois infelizes em suas águas perderam a vida. Eram ambos rapazes novos e trabalhadores e chamavam- se (...). Tinha apenas 18 anos e por infelicidade sua caiu quando tentava atravessar para Espanha numa pequena batela, no dia 23 do corrente. A batela, porém, voltou-se e como as águas não têm cabelos (...)." (Idem, 28 Novembro de 1956, ano 28, nº 1223).

O fenómeno do contrabando na raia fronteiriça é, de resto, muito antigo, existindo pelo menos um romance escrito por Barros Ferreira acerca do contrabando efectuado na zona de Castro Laboreiro: "(...) e aos seus costumes admiravelmente descritos por Barros Ferreira, no seu romance Maria dos Tojos, onde põe a descoberto todo o drama da vida dos contrabandistas e as abaladas temporárias para França, o que ainda hoje acontece." (Idem, 22 de Julho de 1956, ano 28, nº 1206).

Melgaço, em meados do século XX, era uma sociedade profundamente rural. O tipo de contrabando a que nos referimos encontra-se envolto nas redes familiares de subsistência. Embora, por vezes, obedeça a regras sociais e hierarquias estabelecidas, por exemplo, a cumplicidade das guardas-fiscais com as famílias mais poderosas inscreve-se numa determinada ordem social e divisão do trabalho.

Carecendo de contrato social, de contrato laboral, o contrabando assenta em redes económicas informais, não apenas porque escapam ao controlo financeiro e fiscal do Estado, mas também porque a sua organização se alicerça na família como elo fundamental, em detrimento do Estado regulador. A identidade do contrabandista assenta na família, contrapondo-se ao Estado, aos elementos de autoridade, isto é, à guarda-fiscal e à guarda civil espanhol. Não existe, portanto, uma representação social do contrabando como sendo um emprego, segundo as regras formais e legais do Estado. Pelo contrário, no fenómeno emigratório possuir-se um emprego ganha uma importância fulcral, uma vez que, sem o contrato de trabalho, os emigrantes clandestinos não teriam acesso à permissão para residir no país de acolhimento, sendo, pois, considerados emigrantes ilegais.

Segundo Perret, B. & Roustant, G. (1996), na pós-modernidade, tem-se assistido a um aumento do controlo exercido pelo Estado na esfera social, resultando num reforço da importância da classificação profissional. Tendo em consideração o acréscimo do controlo exercido pelo Estado no âmbito social e o abandono da solidariedade ancestral, hoje, o contrabando seria considerado socialmente uma actividade inaceitável.

Porém, em meados do século XX, a censura e a perseguição à actividade do contrabando limitava-se ao Estado. Em termos sociais, a tarefa mais premente para as populações de antanho era a sobrevivência e não o seu posicionamento na hierarquia social. Esta aura simbólica do contrabando como actividade assente numa solidariedade ancestral, aliada à perseguição das autoridades, dá azo aos mitos dos grandes contrabandistas, às grandes e pequenas histórias que circulavam como rumores pelas zonas raianas. São histórias pícaras da corrupção, do tonto, dos famosos saltos clandestinos para França, etc. Os laços sociais forjados, os campos de interesse, escapam em muito ao instituído pelas ditaduras mediante uma ética típica dos Estados modernos regidos pela burocracia. Os deveres para com o Estado são remetidos para segundo plano, em detrimento da subsistência das famílias e da cultura peculiar de cada região, a qual é gerada a partir das interacções sociais entre os membros do grupo de pertença.

O contrabando forja aquilo a que em psicologia social se designa de redes sociais de apoio: "El análise de redes socialles estudia relaciones entre uma serie definida de elementos." (Molina, l., 2001, p. 14). Trata-se da construção de redes de intercâmbio complexas, as quais, por vezes, ultrapassam a esfera da familia extensa. O estudo destas redes é hoje inglório, pois, praticamente deixaram de existir. O individualismo ganhou terreno face ao fenómeno do contrabando. Contudo, na concepção de Perret, B. & Routant, G. (1996), as actividades relacionadas com as actividades ditas "informais" ainda persistem. O contrabando opõe-se a uma economia monetária, mercantil e capitalista (assente na ética protestante, segundo Weber), manifestando-se como uma economia não monetária, próxima da economia familiar.

Quando a economia pública é incapaz de facultar o mínimo, eis que afloram os fenómenos de economia submersa, para nós trata-se dum problema económico, assente em problemas sociais, mas, sobretudo, político, no que diz respeito à distribuição da riqueza e à gestão da mesma. A não intervenção do Estado nas áreas e nas classes sociais mais desfavorecidas mediante o estado providência, então em voga em toda a Europa ocidental – o qual decorre entre os finais da Segunda Guerra Mundial até aos meados da década de setenta, década em que as políticas neo-liberais britânicas e norte americanas ganham predomínio –, obriga os indivíduos mais desfavorecidos a recorrerem a outros meios de subsistência, para além dos propostos pelo Estado. Recorde-se que, durante todo o período Keynesiano, Portugal e a vizinha Espanha se encontravam arredados destas políticas económicas. Muito longe da referida política, por cá, praticava-se a misericórdia e o fatalismo. A pobreza e o subdesenvolvimento não eram considerados fruto duma determinada política, mas antes fenómenos irremediáveis, como que divinos. As classes dirigentes nada poderiam fazer para remediar a situação, uma vez que ela era o resultado da natureza.

Tanto em Espanha como em Portugal, quando o Estado falia nas suas obrigações sociais e económicas, desenvolviam- se mercados paralelos. Vejamos, Oliveira, C. (1995), referindo-se à Espanha isolada internacionalmente, após a II Guerra Mundial: "A escassez de produtos essenciais, a estagnação ou regressão das produções agrícolas e industriais, conjugada com a falta de divisas para pagamento das compras no exterior e com as crescentes dificuldades impostas pela guerra no abastecimento exterior, fizeram proliferar, em toda a Espanha, mas muito particularmente nos grandes aglomerados urbanos, o mercado negro e toda a sorte de práticas especulativas nos bens de consumo e nos preços." (p. 70).

Em Portugal, sensivelmente no mesmo período de tempo, também o contrabando se fazia sentir como sendo uma válvula de escape para as populações raianas: "A propósito de um artigo publicado no Jornal O Século, o Gabinete do Ministro das Finanças enviou para aquele jornal a seguinte nota, a que foi dada publicidade. Por motivos de ordem vária, entre os quais se conta infelizmente a colaboração do público, o contrabando recrudesceu nos últimos tempos entre nós, favorecido como sempre por duas configurações vantajosas para a entrada fraudulenta de artigos estrangeiros. Atento aos problemas, o ministério das finanças está ultimando uma série de medidas integradas num plano de conjunto. Por outro lado, tem-se procedido no reapetrochamento da guerra fiscal (já se gastaram cerca de 10 000 contos), tratando-se agora da modernização dos meios tácticos de combate, em paralelo com o que se fez, com êxito, noutros países. Por outro, está em curso a modificação da legislação das mercadorias contrabandeadas e da legalização das mercadorias contrabandeadas e de tornar mais pesadas a responsabilidade dos participantes no contrabando: dentro do conjunto das providências legais em exame, prevê-se, inclusivamente, a possibilidade de responsabilizar, os diferentes detentores das mercadorias entradas ilegalmente, até ao consumidor final. Estas palavras foram transcritas do boletim da Direcção Geral das Contribuições e Impostos agora distribuído, publicação cada vez mais prestigiosa pela vulgarização que faz de estudos fiscais de sabido interesse para estas colunas do estado e propositadamente para estas colunas as trouxemos por Melgaço ser região raiana e ainda ultimamente ter dado eco estrondoso no mundo uma sua façanha." (Notícias de Melgaço, 13 de Setembro de 1959, ano 31, nº 1331)

A economia portuguesa, quer ao longo do Estado-Novo, quer, logo, após o 25 de Abril de 1974, encontrava-se excessivamente centralizada ora em oligarquias, ora no Estado: "Mesmo assim, surgiram, por vezes, falhas no mercado de produtos com preços controlados e havia casos de mercado negro. O abastecimento de bacalhau em falta era grande e o contrabando era intenso, constituía um dos exemplos mais típicos dessas dificuldades também há a referir que o fundo de abastecimento começou a encontrar problemas sérios de financiamento dos preços quando os preços do açúcar, dos cereais e de outros produtos primários subiram em flecha no mercado internacional no decurso do ano de 1973." (Lopes, J., 1997, p. 342).

A relutância do Estado-Novo face à economia de mercado e ao estado providência terão, pois, fomentado o fenómeno do contrabando. Voltando ao âmbito sociológico, a socialização não se reduz à inserção profissional, contrariamente ao proposto pelas políticas sociais centradas exclusivamente no acesso ao emprego. No caso do contrabando assiste-se a uma evidente inserção social e cultural, sem, no entanto, existir uma inserção profissional: "A socialização passa por actividades que permitam ao mesmo tempo um desenvolvimento pessoal e um contrato com a sociedade de pertença." (Perret, B. & Roustang, G., 1996, p. 238).

O contrabando, assim como a emigração ilegal, colocam-se à margem da troca económica alicerçada num contrato de trabalho, no qual o empregado fornece a sua força de trabalho e o seu tempo. Ora o contrabando era efectuado não a tempo inteiro e os seus horários de trabalho eram inexistentes. Um contrabandista a trabalhar por conta de outrem era um jornaleiro ilegal. As suas relações – os seus contratos sociais – desenvolviam-se no âmbito da sociedade de pertença. Ora no mundo doméstico, familiar, por exemplo, as relações humanas apoiam-se em noções tais como a afeição, a lealdade, a amizade, em detrimento das noções de obrigação laboral. Se para o poder central, o fenómeno do contrabando constitui uma fuga de capital (e portanto um desvio social e político), para quem o praticava esta actividade era vista de modo natural, normal, tendo em conta os graves condicionalismos económicos. Num Estado autoritário, onde todos os comportamentos se pretendem controlados, é natural que o desvio seja a norma por mais contraditório que possa parecer: "O desvio reside: onde existe a necessidade de estabelecer normas como forma de regular actividades, relações e rotinas, existe sempre e possibilidade de o desvio surgir." (Ferreira, P., 2001, p. 668). Não admira, pois, que a coesão social seja minada no interior da própria sociedade.

As classes sociais dominantes fomentavam o desvio, pois não tinham em consideração os interesses e as necessidades das outras classes sociais. O desvio manifesta-se através da censura e da repressão. Esta última exprime a reacção da sociedade em relação a tudo quanto aparenta ser inexplicável, uma vez que os fenómenos desviantes do contrabando e da emigração manifestam-se de modo contraditório face à utopia dominante. Num país em que a família era um dos pilares, os varões, os machos, a força de trabalho, saltava para o outro lado, para o lado da democracia e do estado-providência, ou seja, para o lado duma subsistência digna: "A violação das normas é vista como um atentado contra uma ordem coesa e única cujo funcionamento repousa nos mecanismos de controlo social e institucional." (Ibidem). Em qualquer caso, o contrabando e a emigração clandestina apenas se poderão deixar entrever como uma forma de exclusão social, cuja responsabilidade repousa no Estado. Foram, por exemplo, as regras institucionalizadas pelo Estado que fizeram que a emigração fosse clandestina.

A exclusão social não se desenrola apenas de modo visível mediante a ruptura do vínculo social existente entre as várias classes sociais, mas também através de um conjunto de atitudes, de comportamentos de exclusão – física e psíquica – e de estigmatização: "O excluído seria, pois, aquele que é rejeitado para fora dos nossos espaços, dos nossos mercados materiais e/ou simbólicos, para fora dos nossos valores." (Xiberras, M., 1996, p. 22). Segundo Xiberras, M. (1996), o ponto comum às múltiplas formas de exclusão parece residir na ruptura dos laços que elas comportam, quer ela seja material, quer seja simbólica. A exclusão desenvolve-se, segundo o autor acima citado, por gradientes face à normalidade imposta pela formulação dos valores sociais.

Assim sendo, a partir de certos limiares, alguns indivíduos pecariam por defeito, quando confrontados com os valores convencionados para a normalidade, sendo o caso das deficiências físicas ou psíquicas, do insucesso escolar, do desemprego e da pobreza, etc. No âmbito da sociologia, foi a escola de Chicago a primeira a estudar o problema da exclusão, numa perspectiva económica e sociocultural.

Segundo o dicionário de sociologia de Boudon, R. et al. (1990): "(...) para o interaccionismo simbólico o comportamento humano não é uma simples reacção ao meio ambiente, mas um processo interactivo de construção desse meio (...)." (p. 136). Contudo, foi, anteriormente, Durkheim quem traçou uma distinção fundamental, a qual ainda, hoje, se encontra subjacente ao fenómeno da exclusão social. Trata-se da distinção operada entre a solidariedade mecânica e a solidariedade orgânica. A primeira, isto é, a solidariedade mecânica, assiste às sociedades tradicionais. A segunda, ou seja, a solidariedade orgânica é típica das sociedades modernas, onde a divisão do trabalho opera uma diferenciação cada vez mais alargada das tarefas e das funções desempenhadas pelos indivíduos. Durozoi, G. & Roussel, A. (2000) distinguem assim a solidariedade mecânica da orgânica: "(...) Enquanto que a solidariedade mecânica se exerce entre indivíduos semelhantes, caso das sociedades primitivas, a solidariedade orgânica encontra-se nas sociedades complexas como a nossa, onde os indivíduos têm funções complementares." (p. 121). Ora, o problema da modernidade é, segundo Durkheim, a presença de uma consciência individual, ao contrário do que sucedia nas sociedades tradicionais, nas quais a consciência colectiva era portadora duma densidade moral, favorecendo a coesão social dos seus membros. A opinião de Simmel apresenta-se em tudo muito semelhante à de Durkheim, ou seja, para o referido sociólogo, nas sociedades modernas, nomeadamente nas cidades, parece escassear uma consciência ou moral colectiva: "Para Simmel, as características das relações sociais da cidade e dos tempos modernos resumem-se assim: a densidade da multidão, da população provocou uma queda na densidade moral (...). Para Simmel, à cidade, à urbe, parece faltar a etapa da inclusão total da alteridade (...)." (Xiberras, M., 1996, p. 76). Segundo Simmel, a explicação de toda a coesão social repousa na interacção com o outro. E é neste tipo de interacção social moderna que o indivíduo não logra ver por completo o outro, a alteridade.

Seria interessante notar, antecipando-nos ao capítulo dedicado à identidade, que a origem etimológica das palavras identidade e alteridade são idênticas, tendo origem no latim. O emigrante e o contrabandista português eram oriundos de uma sociedade profundamente rural. Na qual predominava uma solidariedade mecânica e a consciência colectiva era portadora de uma densidade moral ainda intacta. Ouçamos Cortesão, J. (1995), referindo-se ao Alto-Minho: "(...) já antes de haver concelhos a organização localista era democrática nas comunidades agro-pastorais." (p. 31). Ainda segundo o antropólogo Dias, J. (1994): "Conforme se caminha para o norte, o quadro social transforma-se progressivamente. Os laços familiares multiplicam-se, o agregado familiar apresenta-se forte e, com frequência, a família extensa sobrepõe-se à família nuclear. A família extensa está, de certo modo, relacionada com formas sociais de raízes comunitárias, enquanto que a família nuclear, pelo simples facto de ser um elemento universal das sociedades humanas, nos aparece nas regiões sem tradição comunitária ou naquelas onde a evolução social, determina progressos da técnica, pela industrialização e pelo desenvolvimento da vida urbana – que afinal é uma consequência daqueles factores – a enfraquecem ou suprimem." (p. 191). Ora, no caso dos emigrantes, chegados à grande metrópole cosmopolita, a solidariedade esvai-se aos poucos.

Segundo Horney, K. (1979): "O princípio da competição individual é o fundamento económico da cultural moderna. O indivíduo isolado deve lutar com outros indivíduos do mesmo grupo, procurando superá-los e, muita vezes, afastá-los do caminho. A vantagem de um significa a desvantagem de outros e, como consequência psíquica desta situação, estabeleceu-se uma difusa tensão hostil entre os indivíduos." (p. 239). No registo do estudo acerca da emigração portuguesa, diz-nos Leandro M. (1993) que a solidariedade mecânica típica de uma sociedade comunitária se desfez aos poucos, dando lugar a uma solidariedade orgânica, a qual se enquadra numa sociedade complexa. As trocas sociais fazem-se hoje através do dinheiro: "Ao emigrarem, os portugueses levaram consigo o universo das relações de solidariedade material e simbólica vivido nas regiões de origem (...). Lembremo-nos, por exemplo, das redes de solidariedade interna no seio de várias colectividades portuguesas na referida região. Os primeiros que chegavam constituíam, para os outros que se lhe seguiam, um ancoradouro onde eles encontravam segurança (...). Os portugueses são hoje menos sensíveis à interajuda comunitária (...), onde a instituição de várias modalidades de solidariedade social e prestação de serviços são essencialmente monetarizadas, cria outra percepção da realidade e das relações sociais de interdependência e de ajuda mútua." (pp. 351-352).

O emigrante português desloca-se de uma sociedade rural e tradicional para uma moderna, em plena reconstrução. Eis o paraíso perdido, não amado na terra natal, reprimido, podendo ser enviado para uma guerra, explorado na de acolhimento.

Como mais adiante veremos, tais factos condicionam de sobremaneira a formação da identidade: "Segundo parece, o ser humano mais predisposto para a neurose é aquele que mais intensamente experimentou todas as dificuldades culturais (...). Poderíamos chamar-lhe um enteado da nossa cultura." (Horney, K., 1979, p. 241). Do mesmo modo, quanto à questão do contrabando, quando as redes da economia informal abandonam o seu caracter familiar e de subsistência, a solidariedade subjacente desvanece-se, dando azo ao crime organizado. A este estariam, por vezes, associados indivíduos afectos ao regime totalitário.

Voltando à questão do desvio, os interacionistas deslocam o olhar para o âmbito das percepções; interessa-lhes averiguar não apenas as determinantes socioeconómicas, mas também as diferentes percepções, ou seja, o olhar da sociedade, a qual define a categoria do desvio e o olhar dos estigmatizados. Estes últimos integram a etiqueta colocada pela sociedade dos ditos normais. O desvio, a exclusão passa a ser estudada segundo os seus atributos, ou seja, consoante a reacção da sociedade, quando confrontada com o comportamento desviante. O fenómeno da repulsão física e psíquica desenrola-se num tempo histórico e num espaço determinado, ora o espaço não é algo vazio e apenas físico, senão também social, de tal modo que se torna possível falar-se numa apropriação psíquica, social e económica do espaço: "(...) isto é, a ocupação, a transformação dos lugares e assunção de significação através da localização dos objectos e de actividades específicas." (Fernandes, P., 2000, p. 512). O ser humano é um animal dotado do sentido de territorialidade, de tal modo que: "A concepção da localização territorial é um aspecto da vida social, de acordo com o qual os indivíduos definem a extensão das suas obrigações e a identidade deles próprios e dos outros." (Shills, E., 1992, p. 86). Saltando conceptualmente do âmbito da sociologia para o da história e o da economia, diz-nos Braudel, F. (1985): "Todas as economias-mundo se dividem em zonas sucessivas. Há o coração, isto é, a zona que se estende em torno do centro (...). Depois, vêm as zonas intermédias à volta do eixo central e, finalmente, seguem-se as margens vastíssimas que na divisão do trabalho, que caracteriza uma economia-mundo, mais do que participantes são subordinados e dependentes." (p. 86). Como veremos mais adiante, o emigrante e o contrabandista rompem precisamente as fronteiras, dão o salto no espaço e no tempo, dando origem a uma personalidade como que fronteiriça, até porque vivem numa zona raiana e periférica, no seu pais de origem. Os emigrantes encontram-se também colocados socialmente na periferia da sociedade de acolhimento.

A nossa pretensão não é a de estabelecer uma classificação nosológica. Seria também importante não confundir a classificação da personalidade bonderline (fronteiriça) ou psicopática com o acima descrito. Trata-se, ontem (e hoje), de tornar a periferia, o território, o espaço em algo de apreensível e de compreensível.

No entanto: "As políticas sociais desenvolveram-se, ao longo dos últimos anos, em Portugal, de uma maneira descoordenada ao sabor das pressões sociais, políticas e sem orientação claramente definidas." (Hespanha, P, & Monteiro, A., 2000, p. 329). Por seu turno, a sociedade civil também não parece preparada para tamanha tarefa: "As próprias instituições da sociedade civil portuguesa – caracteriza-se pela sua debilidade organizativa, pela ausência de uma cultura de cidadania e pela tradicional dependência relativamente ao Estado – têm dificuldade em assumir a sua parte nas responsabilidades sociais, assumindo uma postura ambígua de reivindicar para si a iniciativa em matéria de protecção social e, ao mesmo tempo, de exigir do estado que continue a suportar os encargos e os riscos dessa iniciativa." (Shills, E., 1992, p. 86).

A mobilidade social, propiciada pela intensa emigração, a integração no espaço económico europeu, a harmonização das políticas económicas dos Estados Ibéricos remeteu o fenómeno do contrabando ao seu termo, inserido na pluractividade e na economia familiar de subsistência. Ainda em termos sociais e espaciais a casa, a habitação, torna-se neste cenário de escassez num dos bens mais apetecidos. Transformou-se numa autêntica obsessão para os emigrantes como para os residentes. Segundo Furnham, A. & Argyle M. (2000), o carro e a habitação constituem-se como sendo bens essenciais, de tal modo que a sua aquisição ou acumulação são vistos como uma forma de capital. É de notar que a habitação, a casa, detinha um forte valor cultural e social, desde tempos ancestrais no norte do país: "Mas, a casa, isto é, o conjunto de haveres que servem de sustento à família extensa. A casa deve ficar indivisa, pois, só assim se mantém a família indivisa, visto a casa ser a base do sustento familiar." (Dias, J., 1990, p. 75). Possuir uma casa representa o sonho da mobilidade social ascendente. Capucha, L. (1998) subdivide o fenómeno da pobreza, da exclusão social e da marginalidade em dois grupos. Para aqueles indivíduos, cujas parcas posses não se ostentam suficientes para aceder a um mínimo de comodidade, é-lhes atribuída a designação de pobreza por restrição, uma vez que as suas posses impõem sérias restrições ao seu estilo de vida: "Os operários e os empregados dos serviços com baixas qualificações profissionais e escolares – exceptuando aquelas em que a duração da situação de desemprego os conduziu ao modo de vida de destituição – os reformados de pensões baixas e os assalariados agrícolas constituem o modo de vida da restrição. Ela encontra-se dispersa nas cidades – no caso dos reformados – situação que a pobreza é relativamente invisível." (p. 228). Por seu turno, no fundo da hierarquia social encontram-se aqueles que pouco ou nada possuem, designando-os por destituídos: "As condições em que a pobreza é mais intensa e simultaneamente produtora das piores situações de exclusão social são aquelas em que se traduzem no modo de vida de destituição.

Integram esse modo de vida os migrantes campo\cidade mal sucedidos no percurso migratório, (...). As famílias são frequentemente muito extensas e os seus membros tendem a apresentar variadas desvantagens sociais, profissionais, escolares, económicas, culturais, físicas (...)." (Idem, p. 229). Em meados do século XX, predominavam os destituídos, remetidos para fora do centro da vida económica, da sociedade e também para fora do tempo, do tempo dito moderno, pois o interior de Portugal permanecia no século XIX. É, portanto, através das dimensões do espaço e do tempo que se estruturam os grupos humanos.

É de salientar que, segundo Erikson (1968), o espaço e o tempo também são as dimensões estruturantes da identidade individuais. Moles, A. (1995) elaborou uma teoria do espaço, na qual as relações entre o comportamento e o espaço são evidenciadas.

As relações sociais de proximidade e\ou de distanciamento reflectem-se na forma como o espaço é apropriado pelos diferentes actores sociais: "O centro ou a zona central é um fenómeno que pertence à esfera dos valores e das crenças. É o centro da ordem dos símbolos, de valores e de crenças que governam a sociedade (...), a zona central participa da natureza do sagrado." (Shills, E., 1992, p. 53). Cabe-nos aguardar pertencer também a esse centro, até porque como afirma o autor citado: "A característica decisiva da sociedade de massas é a diminuição da distância entre o centro e a periferia (...), entre a elite e a massa. A massa da população de todas as sociedades de grande escala tem vivido sempre, no passado, na periferia, no sentido de ser excluído das instituições, do sistema político, da economia, da igreja e da cultura que domina a sociedade (...). O sistema de estratificação da sociedade de massas possui uma forte tendência igualitária." (Idem, pp. 460-461). Mas, apesar das distâncias se tornarem mais curtas, elas persistem, não apenas como um mero legado histórico, senão também como sendo um fenómeno económico, social e psicológico. Tanto o contrabando como a emigração são o resultado duma economia de escassos recursos. Os habitantes eram literalmente obrigados a recorrer à pluriactividade económica, no sentido de subsistirem.

Quando os Estados Ibéricos se encontravam com graves problemas económicos (é necessário realçar que se tratavam de economias excessivamente centralizadas, sobretudo, a portuguesa, pois a espanhola a partir de 1955 conhece uma forte liberalização, no sentido da economia de mercado) os fenómenos da economia submersa surgem de modo espontâneo. É curioso notar que a procura de produtos contrabandeados se situa nos grandes centros urbanos, tal como sucedeu em Portugal e em Espanha, ao longo das décadas de 50 e 60. Aqui os lugares de fronteira, os limiares porosos entre ambos os países passam a ser o centro da acção, sem, no entanto, deixarem de ser periféricos perante os grandes centros urbanos, onde a procura de produtos é maior:

"Um relatório do adido comercial da embaixada de Espanha em Lisboa ilustra bem este problema, ao manifestar como as proporções alcançadas pelo contrabando fronteiriço, especialmente no que se referia à exportação clandestina de produtos espanhóis com destino a Portugal, ultrapassam naqueles tempo todas as cifras previsíveis. Praticamente a totalidade do chumbo e do mercúrio e 50% da maquinaria, máquinas ferramentas, bicicletas, aparelhos eléctricos e, em geral, tudo quanto tivesse elevado valor em proporção ao volume era importado de Espanha sem licença prévia espanhola ou portuguesa (...). O adido da economia externa finalizava o seu relatório analisando as soluções possíveis para este problema, e chegava à conclusão de que era muito pouco o que poderia conseguir-se pelo caminho da repressão pura e simples do contrabando, pois a extensão da linha fronteiriça e a ausência em quase toda ela de acidentes geográficos naturais dificultam (...). O único caminho possível para inverter essa situação seria, pois, a correcção de câmbios (...)." (Redondo, J. 1996, p. 249).

A falta dum câmbio justo entre ambas as moedas ibéricas, a carência dum acordo comercial abrangente de todos os produtos trocados, a extensa e porosa fronteira entre Espanha e Portugal, entre outros motivos, conduziram a que, por vezes, o volume do negócio do contrabando assumisse proporções iguais ou ainda maiores face ao comércio regular: "(...) já que embora fosse difícil de quantificar o volume do comércio irregular, talvez que ele pudesse aproximar-se a valores equivalentes aos do comércio legal. Podendo obter divisas a um câmbio geralmente muito mais favorável do que o estabelecido oficialmente, e não tendo que pagar impostos pelo exercício das suas actividades de contrabando, tornava desinteressante o comércio regular." (Idem, p. 248). O fim do isolamento internacional, por parte da Espanha, em 14 de Dezembro 1955, data da adesão à ONU, veio retirar algumas das condicionantes referidas acima, remetendo a Espanha para uma progressiva modernização económica. Este facto faz com que alguns autores pensem que o tráfico de contrabando, entre as décadas de 60 e 70, tenha sido exercido com maior acutilância por parte de Portugal. Ao passo que Portugal se verte para as províncias ultramarinas, ancorando-se em arcaísmos económicos, a Espanha volta-se para a Europa, para o exterior rico e modernizado, em consequência, assiste-se a um progressivo e estrutural processo de modernização. Segundo Baptista, A & Portela, J. (1995), o autoconsumo e a venda de produtos são (ainda) dois dos objectivos principais das famílias rurais. Os habitantes envolvem-se em pequenos negócios, nos quais o contrabando se poderá incluir. O tabaco ainda hoje persiste como fonte de rendimentos na Galiza, assim como a droga ilícita: a cocaína, entre outros produtos. Debrucemo-nos, agora, sobre a realidade Melgacense, sobre o contrabando como forma de desvio, como forma de garantir a sobrevivência, como forma de solidariedade mecânica assente na família extensa.

A Voz de Melgaço relata, em 15 de Fevereiro de 1959: "Grave caso de contrabando de prata para a Espanha." Este caso envolvia o próprio Dr. (...). Este no seu automóvel transportava 270 Kg de prata em chapa, contudo foi interceptado pela guarda civil espanhola, em Cortegaça, Espanha. Este incidente deu origem à exoneração do presidente da Câmara Municipal de Melgaço. Como é evidente esta descrição do fenómeno do contrabando não se enquadra no registo da solidariedade mecânica, pois mais do que a mera sobrevivência, estariam em jogo a ganância e, quiçás, manobras políticas.

Na mesma edição relata-se a amnistia ao emigrante clandestino, a qual evidentemente não seria para todos. A maioria, tal como a notícia nos informa: "(...) continuarão pelo mundo como judeu errante para ganhar o pão de cada dia." A amnistia mais abrangente somente chegaria em meados da década de 60. É, sobretudo, a partir de meados da década de cinquenta que a emigração e o contrabando são noticiados através de A Voz de Melgaço e do Notícias de Melgaço. Existem, porém, relatos vindos já do século XIX.

Por outro lado, os relatos obtidos através das entrevistas acerca do contrabando revelam existirem diferentes épocas, conforme os produtos trocados, condicionadas pelas pressões políticas ou pela escassez económica. Depois da guerra civil espanhola, eram passados para o lado espanhol café, sabão, azeite, açúcar, mas, por exemplo, após o 25 de Abril de 74, o marisco era um produto muito cobiçado, em Portugal. Da reduzida análise de conteúdo realizada – a tarefa merece uma obra própria – constata-se que o contrabando geralmente era levado a cabo pelo género masculino, embora também as mulheres participassem e até, por vezes, organizassem. Os homens começavam, desde tenra idade, na adolescência ou até na infância, a actividade. O que revela a premente escassez de recursos das famílias extensas. A organização, segundo o entrevistado (...), submetia-se, por vezes, a uma estratificação social, revelando uma organização hierárquica vertical: "(...) havia sempre um deles que arriscava o capital, ou seja, que comprava a mercadoria e pagava aos outros para efectuar o transporte." Ricardo Gonçalves, no seu romance, dá-nos conta do afirmado acima. Longe da economia de subsistência, o contrabando era uma questão de possuir capital suficiente para investir, estando, pois, entregue aos capitalistas: "Zé ainda pensou fazer um pé-de-meia e lançar-se no contrabando por contra própria. Mas a família numerosa e necessitada consumia-lhe o pouco que ganhava, depois também era arriscado sem uma grande organização. Chegou a falar aos companheiros de labuta, na união dos carregadores e dos aspirantes a pequenos e médios contrabandistas, na luta pelos monopólios. Mas os primeiros não tinham os cobres imprescindíveis naquelas negociatas. E os segundos levavam tanto trabalhinho a desviarem alguns sacos da rota normal e a furtarem outros para lhe surripiarem parte do conteúdo, era para mais tarde montarem a sua própria empresa e governarem-se eles sozinhos." (1991, p. 92).

No registo do contrabando de subsistência, a actividade era encarada não como um crime, mas como uma necessidade premente, como, por exemplo, defende (...), natural de S. Gregório: "(...) o contrabandista nunca roubou nada a ninguém (...). Sempre comprou a mercadoria que vendeu. Fosse de café, marisco, ou tabaco (...), além disso, a gente só o fazia para conseguir viver (...) os tempos a isso obrigavam." "(...) o café chegava em camiões, junto da fronteira com a Espanha, normalmente em sacos de 60 kg. A partir daqui era transportado às costas, por carro, em batelas (no rio Minho) ou até por mulas, atravessando assim a fronteira."

O ponto de vista da inevitabilidade do contrabando, por vezes, não era partilhado pelas autoridades, conta-nos um contrabandista, o qual preferiu o anonimato: "(...) Fomos interceptados pela guarda civil, bateram-nos, mas pior do que isso ungiram-nos como se fossemos bois. Em seguida, misteriosamente os perversos guardas transformaram-se em tipos divertidos, oferecendo-me comida e transporte".

Os incidentes com os agentes de autoridade eram frequentes, uma vez que nem todos os seus membros cediam aos benefícios do contrabando. Do afirmado nos dá conta o romancista e médico Fernando Namora: "O ataque do guarda dera-se como uma vertigem. E o resto decorreu numa espécie de delírio. Calhica jogou-se ao chão, arrastando o companheiro e, nesses momentos em que encosta, apenas os seus instintos de animal, afeito às fugas e às armadilhas reagiram. Suspendeu a respiração, até que voltou o silêncio dos matos e das escarpas. Estavam refugiados num ninho de arbustos. A perseguição, feita às cegas, continuava nas ravinas. Não seria fácil para a guarda orientar-se numa noite daquelas. Ouviu o ressoar de um tiro, logo amarinhado pela voz do rio. Todos os ruídos cada vez mais longe. Achou-se em segurança e resolveu socorrer o pobre do Clemente." (Sd, p. 110).

Apesar dos incidentes, por vezes trágicos, com os agentes da autoridade, o contrabando era algo de inevitável, uma vez que a necessidade de sobreviver falava mais alto. A propósito da inevitabilidade do contrabando escreveu o romancista Miguel Torga de maneira eloquente e poética: "Quando algum não regressa, e por lá fica varado pela bala de uma lei que a fronteira não pode compreender, não hesita. (...). E, com luto na alma ou no casaco, mal a noite escurece, continua a faina. A vida está acima das desgraças e dos códigos. De mais, diante da fatalidade a que a povoação está condenada, a própria guarda acaba por descrer da sua missão hirta e fria na escuridão das horas. E se por acaso se juntam na venda do Inácio, uns e outros – guardas e contrabandistas –, fala-se honradamente da melhor maneira de ganhar o pão: se por conta do Estado a vigiar o ribeiro, se por conta da vida a passar o ribeiro." (2003, p. 44).

Concluindo, a fronteira física e política remeteu os habitantes raianos para dentro, confinando-os a um reduzido espaço físico, económico e psíquico. Devido às necessidades de sobrevivência, a fronteira constitui-se como um lugar de trocas sociais, económicas e culturais, num contexto de pluriactividade, na qual predomina a economia familiar.

Nas últimas duas décadas, o espaço fronteiriço abandona a sua característica de desconfiança (face ao vizinho e a si próprio), tornando-se num lugar de confiança. O espaço raiano abandona a sua posição periférica para passar a encontrar-se no centro duma zona detentora de características únicas no seio da União Europeia, isto é, no eixo Galiza Vs Norte de Portugal. As trocas económicas, sociais e culturais efectuam-se, agora, à luz da legalidade duma sociedade aberta.

A emigração

Portugal tem sido, ao longo dos séculos – nomeadamente, a partir do período das descobertas – um país de emigrantes. Segundo Rocha, J. (2001), a emigração é o fenómeno mais marcante da segunda metade do século XX. A população Portuguesa, desde tempos remotos, aproximou-se do litoral, uma vez que a nossa posição geográfica favorecia o comércio marítimo e a pesca. A aproximação da população ao litoral favoreceu a diáspora portuguesa. Segundo Serrão, J. (cit. in Lopes, P., 1999), em 1920, a população portuguesa era de 10 331 180 indivíduos. 5 300 000 pessoas encontravam-se no Brasil contra apenas 3 352 180 que residiam em Portugal e em Cabo Verde. Os restantes encontravam-se na Ásia: 580 000. E em África: 1 100 000. Ou seja, mais de metade da população portuguesa residia longe de Portugal.

A razão fundamental encontrada para a emigração, para a sangria humana que ela representa, reside em factores de ordem económica, ainda que os de ordem política também detenham o seu peculiar e nefasto peso, até porque a situação política não reprimiu apenas os indivíduos, mas também a própria economia. O primeiro grande surto emigratório efectuou-se, precisamente, por razões políticas. Trata-se da expulsão da elite judaica de Portugal. Em meados do século XX, a guerra colonial também levou milhares de jovens para o exílio.

O mito da diáspora portuguesa, no seu registo compulsivo, serve-se ainda do mito fundador do Portugal e da identidade colectiva portuguesa, ao longo de séculos, na qual a própria reconquista é vista como uma descoberta. A nossa grandeza reside no facto de existir um português esperto em qualquer recanto do mundo. A incapacidade de adaptação ao meio circundante do Estado português é pervertida pela capacidade esperta de adaptação de qualquer português, em qualquer parte do mundo. Trata-se duma reminiscência do império, agora, cometida pelo indivíduo, o qual por não ter rosto nem nome acaba por estender a capacidade de adaptação ao próprio colectivo. Como diria Eduardo Lourenço, o português é o mendigo que se passeia de pantufas pelo mundo.

Segundo Cordeiro (1998), citando K. Wall, também os relatos dos percursos migratórios, sugerem a hipótese de que, à partida, haveria condições e motivações bastante distintas entre os emigrantes de origem rural. Se é verdade que a emigração de Pinela não ficou a dever-se a nenhuma catástrofe natural, ou a um conflito político, mas sim a carências económicas, não é menos certo, diz-nos o autor, que os que partiram o faziam por uma diversidade de razões, consoante as diferentes classes sociais. Pode-se, então, avançar a hipótese de que haveria, pelo menos, três tipos distintos de emigrantes: os que partiram por necessidade, como que por repulsão, os exilados políticos e, por último, alguns que desejavam tornar-se ainda mais ricos.

O contrabando, a exploração do volfrâmio tinham aberto as expectativas duma vida melhor. A emigração transformava-se na melhor maneira de concretizar essas aspirações. As migrações inspiraram várias tipologias conforme sejam definitivas, temporárias, pendulares ou erráticas. De forma genérica a migração: "(...) designa o movimento de uma população do local ou país de partida para o local ou país de destino, tendo implícita a mudança de residência." (Pimentel, D., 1992, p. 37). Quando as migrações se realizam em massa é convencional falar-se de corrente ou fluxo migratório, tal como sucedeu primeiro para o Brasil e depois para França com as populações portuguesas, ao limite de se falar da diáspora portuguesa.

A delimitação conceptual poderá ainda realizar-se mediante a intervenção do âmbito jurídico, emergindo a emigração legal e a clandestina. Em Portugal, a emigração clandestina até 1959, era considerada apenas como sendo a transgressão dum regulamento, conforme A. E. do Notícias de Melgaço, a 1 de Março de 1959, ano 31, n.º 1309: "A emigração clandestina considerou-se outrora transgressão dum regulamento e não foi sem protesto de magistrados e distintos e sabedores, que se mudou essa classificação para crime. No período dessa reviravolta houve quem acatasse o parecer da relação de Coimbra e quem o combatesse. Mas tudo isso é hoje chão que deu uvas e pobre do emigrante indocumentado ou daquele que na sua carteira leva, à custa de muitas centenas de escudos, um passador falso como judas por ter sido descalçado, preparado ou modificado por indivíduos sem escrúpulos ou gananciosos sem vergonha. A pena leve de transgressão calhava bem ao emigrante, sempre um sonhador em cata de trabalho, para com o seu produto manter a família livre das vergonhas do mundo. Condenado como criminoso devia ser apenas quem o induziu e por dinheiro lhe facilitou a saída."

As migrações internas causadas pelo desenvolvimento industrial português não influenciaram de sobremaneira a nossa região. Usualmente, o processo da industrialização demandava as populações em ser redor. No Porto, por exemplo, a cidade industrializou-se, no século XIX, após se derrubarem as muralhas Fernandinas. Num primeiro momento, o movimento migratório era pendular e diário, isto é, as deslocações eram efectuadas diariamente entre o local de residência e o local de trabalho.

As pessoas chegavam a percorrer dezenas de quilómetros. Numa segunda fase, a classe média tripeira passou a alugar as traseiras das suas casas para ali se edificarem habitações precárias para os operários, os quais pagavam uma renda mensal aos proprietários especuladores. Surgiram as ilhas, tornando o Porto numa cidade atípica no panorama europeu. Pois apenas, em meados do século XX, as classes sociais mais desfavorecidas foram enviadas para a periferia da cidade. Ricos, remediados e pobres viviam todos juntos no centro da cidade. Actualmente, as ilhas, situadas no centro do Porto, fornecem recolhimento aos imigrantes, os quais se mesclam com os portugueses.

Quanto às migrações temporárias de origem rural, sobretudo, as designadas migrações sazonais, elas detiveram pouca relevância, precisamente pelo seu intrínseco carácter temporário. A partir dos anos 60, as migrações temporárias entre diferentes regiões, por exemplo, da terra fria transmontana para o vale do Douro, perderam a sua relevância, pois a procura de mão-de-obra diminuiu.

As migrações portuguesas efectuam-se ao longo do século XX, essencialmente, para o exterior do país. Em meados da década de 50, a emigração passa a ser continental. A França torna-se o principal destino dos portugueses. A acrescentar à mudança de destino deve-se ainda realçar que os valores, o número de emigrantes, sofreu um crescimento quase exponencial. Segundo Pimentel, D. (1991): "Em contraste, assistiu-se a partir dos anos cinquenta (...) a uma explosiva aceleração das repulsões. Significa isso que o estrangeiro constitui o destino mediato ou imediato, da enorme maioria dos que abandonaram as regiões rurais, com valores, para a década de 60, que não terão andado longe de 1 300 000, ou seja, mais do dobro da década anterior." (p. 1135). "(...) Verifica-se que a corrente emigratória para França, depois de ter sido insignificante até 1954, entrou num ritmo acentuado de crescimento até ao ano de 1964, atingindo, a partir desse ano valores que oscilam entre 65% (1966) e 72% (1974) do total da emigração efectiva Portuguesa. (...). Podendo-se considerar o ano de 1958 como o último período brasileiro, o período de transição inclui os anos de 1959 e 1962 e a partir de 1963, começa o período Francês (...), para o Brasil, em 1965, emigraram apenas 5 000 pessoas." (Marinho, A., 1973, p. 20).

Quanto à provável diferenciação do fenómeno emigratório português, tendo em conta o género, segundo a Comissão para a Igualdade e para os Direitos das Mulheres do Alto Comissariado para a Igualdade da Família da Presidência do Conselho de Ministros, entre 1960 e 1969, emigraram 646952 indivíduos, dos quais 58% são homens e 41% mulheres. O número de mulheres emigrantes quase se equiparou aos dos homens, em 1966, chegando aos 44%. Segundo Rocha N. (1965), para o género feminino era fácil obter emprego em França como serviçais, nos meados dos anos sessenta. A maioria das esposas permanecia, contudo, no nosso país, quase sempre residente em meios rurais.

Estas mulheres assumiram sozinhas a responsabilidade da educação dos filhos, do trabalho no campo e no lar. Será curioso aqui relembrar que um dos primeiros olhares da antropóloga Wateau, F. (2000), quando se depara com a sociedade melgacense, na década de 90, é precisamente o predomínio do género feminino, em detrimento do género masculino. Este predomínio torna a sociedade melgacense, até certo ponto, numa sociedade matriarcal, fazendo justiça à heroína da terra: a Inês Negra. A diferença numérica entre homens e mulheres não se deve apenas à maior longevidade média das mulheres, mas, sobretudo, ao fenómeno da emigração, o qual, em Melgaço, assume contornos de diáspora. É interessante notar, no âmbito simbólico, no luto carregado que as mulheres vestiam, aquando da partida dos maridos ou dos filhos para o estrangeiro.

Tratava-se, de facto, duma espécie de luto, estabelecendo um paralelo entre a morte e a partida para longe, pois em ambos os casos representa uma perda. O vestir de negro poderá ainda representar uma não disponibilidade sexual. Segundo Brettel, C. (1991), o uso da vestimenta negra, por parte das mulheres, é uma constante da sociedade portuguesa, desde o século XVIII: "Por outro lado, os homens casados que partiam e faleciam no estrangeiro ou que simplesmente não regressavam, transformavam as mulheres verdadeiramente em viúvas dos vivos. A sua emigração tinha como consequência fazer abortar prematuramente os casamentos, no ponto mais alto da idade fértil das mulheres (...)." (p. 200). No âmbito dos direitos humanos, a situação da mulher portuguesa emigrada e solteira, ter-se-ia manifestado de modo plangente, já que a concessão do passaporte se tornava muito mais intrincada e complexa para o género feminino.

Embora todas as regiões de Portugal tenham contribuído para os fluxos migratórios, foram as regiões rurais do norte e do interior do país, assim como as regiões autónomas, as que mais contribuíram para a sangria humana. Segundo Marinho A. (1973), Castelo Branco, Santarém, Braga e Viana do Castelo são os distritos que maior percentagem de emigração oficial obtiveram. Tendo-se celebrado o almejado 25 de Abril de 1974, seguiu-se um curto período de instabilidade revolucionária. O pequeno país que Portugal se tinha tornado quase mergulha no caos. Apenas nos anos 80, aderindo à Comunidade Económica Europeia, o fenómeno político se democratizou e se normalizou. Em consequência, o contrabando e a emigração ganharam contornos completamente distintos. Portugal, na conjuntura internacional, na última fase do sistema internacional da guerra-fria, é justamente o primeiro caso duma transição democrática moderna. No período revolucionário gerou-se um caos económico e a emigração continuava a ser necessária: "(...) pelo alargamento do número de desempregados (mais de 600 mil, dos quais cerca de metade eram jovens à procura do primeiro emprego) e pela importância do montante de poupanças enviado para o país para a redução do galopante défice externo (enquanto as receitas do turismo recuperavam do duro revés sofrido após o 1974)." (Idem, p. 56).

Destaca-se, de novo, o factor económico, como sendo o factor impulsionador da emigração. A persistência do contrabando, após o 25 de Abril, também se poderia explicar pelo predomínio do interesse atribuído ao âmbito político, em detrimento do económico. Até porque Portugal não poderia solicitar o seu pedido de adesão à Comunidade Económica Europeia, enquanto persistisse como uma ditadura anacrónica ou no caos revolucionário, no registo da política internacional. Por último, o tratado de Schengen permite a livre circulação dos cidadãos portugueses nos Estados membros.

No período da emigração continental, ou seja, sensivelmente a partir de 1955, nos jornais de Melgaço as referências à emigração chegavam num misto de fatalismo e de preocupação face ao despovoamento humano, à crescente perda da auto-estima e da identidade pátria: "Noutros tempos, já remotos, eram os transportes que dificultavam essas deslocações, hoje, regra geral, são as peias da legalidade, que complicam os homens que vão de uma banda para outra em busca de trabalho. Poucos conhecem estas realidades elementares da complicação social e económica dos povos e das sociedades modernas (...). Para Portugal a emigração é um problema de volumosa importância, mas o caso particular da emigração para este país, presentemente afigura-se-nos um assunto bem digno de ser considerado (...). Uma superior falta de assistência à emigração portuguesa para este país, tem trazido à nossa pátria prejuízos consideráveis, por motivos muitos diversos. Em primeiro lugar, como muitos chegam por aqui mal documentados para poderem trabalhar, têm receio de se apresentar às autoridades a pedir seja o que for. Muitos esquecem a família e até a própria pátria, gastando por aqui quanto ganham. Tudo isto é facilitado por falta de um meio capaz de os acolher e de os ajudar convenientemente. Caso não exista uma escola gratuita da nossa língua, só por milagre pode existir um filho de um português nascido neste país que conheça a língua dos seus pais e muito menos que opte pela nacionalidade portuguesa, o que não acontece com as outras colónias de emigrantes neste país, pois, encontram-se devidamente organizados (...). Na realidade, eles não passam de vítimas das circunstâncias e de abandono a que as autoridades competentes os votaram." (Notícias de Melgaço, 8 de Junho 1956, ano 28, nº 1205).

"Depois da criação do respectivo secretariado começou já a comissão a trabalhar neste sector e com uma pontualidade que é prometedora, pois, já chegaram às paróquias as primeiras directivas. E é este um dos problemas que ou resolvemos já, ou a demora de dias pode ser fatal. Exemplo: do 'Mundo Social', Espanha, de 15 de Maio. Título: 'Um cristo português chegou a França, em busca de trabalho (...). É um arrivista, um franco-atirador, dos que entram clandestinamente, quase enganados. No bolso leva um contrato de trabalho para uma empresa de Talange. Não é francês nem tem dinheiro. Desde a madrugada que está na estação de Metz a dar voltas, espera que alguém lhe sirva de intérprete (ele não sabe francês) e lhe ensine onde fica Talange. E foi às 12 da manhã que um operário Italiano que por ali passava o encontra a chorar como uma criança (...).

O desgaste da fé, na família, no patriotismo, pode causar, a emigração, se a Igreja se encontra preguiçosa, frente aos graves problemas dos seus filhos. Ai de nós! " (1 de Junho de 1965). O primeiro discurso transcrito acima é um dos raros exemplos duma atribuição causal para a situação interna, na medida em que é citado o abandono a que as autoridades tinham botado o emigrante. Usualmente, pelo contrário, a atribuição causal para o fenómeno da emigração era externa, centrando-se ora no âmbito legalista, isto é, o mal encontrava-se na actividade dos engajadores, como se não existissem motivos que à priori desencadeassem a emigração, ora era remetida para uma situação estrutural de abandono, de descrença e de fatalismo a que o povo se encontrava acostumado. A atribuição causal externa não colaborava no mobilizar de esforços para se lograr mitigar a situação; nada havia a fazer. Os apelos dirigiam-se, em termos espaciais, também para fora. Neste caso trata-se da construção, em França, de uma Casa de Portugal, no sentido de facilitar a integração laboral. É curioso notar que apenas é referida a integração laboral, pois a social e a cultural eram afiguradas como uma perda, uma traição à pátria, a qual se dissipava nas colónias, antecipando o luto do Portugal de Melgaço a Timor: "Cartas de França: Precisa-se, aqui, duma Casa de Portugal com letra grande, e não de uma casa para meia dúzia de portugueses ricos (...). Embora materialmente vivam bem, sentem moralmente necessidade de contactos mais frequentes e melhor organizados com aqueles que falam a sua língua." (Notícias de Melgaço, 10 de Junho de 1956). Estes apelos afloravam, por vezes, após a notícia duma tragédia. É o caso do excerto do artigo transcrito acima, pois o apelo surge no seguimento dum artigo da Gazeta do Sul; Semanário do Montijo, escrita por Silva Marques.

É curioso notar que no intuito de se furtar à censura os artigos eram retirados de outros jornais, numa estratégia de atribuir a possível culpa, perante a censura, para o exterior. Vejamos um artigo, de 10 de Junho de 1956, retirado dum diário de Lisboa, na tentativa ténue de ilustrar o afirmado acima: "Pelos diários de Lisboa soube-se aqui na passada sexta-feira, à tarde, a triste notícia de na fronteira franco-espanhola, próximo da povoação de Tortella e na estrada de Figueras para França terem sido avistados pela Guarda Civil dois automóveis de matrícula portuguesa a escaparem-se à sua fiscalização e por não obedecerem às suas ordens, balearam-os furando os pneus a um dos veículos e ferindo os passageiros de outro. Neles iam emigrantes indocumentados portugueses e espanhóis (...). Se algum, contudo, ainda levado pelo espírito aventureiro desejar de ir para França, bom será que se muna previamente do necessário passaporte." (Ano 28, nº 1201). O referido periódico também assume uma função pedagógica, obedecendo aos ditames da ditadura, mas alertando a população para os perigos a correr, mas, de qualquer modo, noticiando o ocorrido. O certo é que o Notícias de Melgaço, quando comparado com a Voz de Melgaço, se ostenta bastante mais liberal, recorrendo a muitas artimanhas para fugir à censura. Aquando da morte de Aquilino Ribeiro, por exemplo, o Notícias de Melgaço, publica em primeira página uma homenagem ao escritor avesso ao regime.

A partir de meados da década de sessenta, as notícias referentes quer à emigração quer ao contrabando tornam-se mais escassas, o que nos faz pensar que a acção da censura, durante a guerra colonial, se acentuou. Cabe-nos salientar que, a partir da revolução democrática (e sequente adesão à CEE), a emigração passou a ser encarada mediante um novo olhar. A questão da emigração abandona os seus contornos penais e criminais. Todos os cidadãos, no pleno direito das suas faculdades, poderão aceder ao respectivo passaporte, não existindo obstáculo de qualquer ordem que os impeça de viajar ou emigrar: "Em 1976, a constituição da República Portuguesa, no seu art. 44º, irá consagrar a todos os portugueses o direito de emigrar: 'A todos é garantido o direito de emigrar ou sair do território nacional e o direito de regressar. (...) A publicação do decreto nº 8\75, de 14 de Janeiro, veio alterar as normas, altamente discriminatórias, da concessão de passaportes ordinários, com este diploma, que revoga o art. 16º do decreto nº 46 748, de 15 de Dezembro de 1965, a concessão do passaporte passou a ser livre." (Pimentel D., 1991, p. 54). Apesar de o fenómeno político deixar de se constituir como um factor de repulsão, resta, no entanto, o factor económico, no qual Portugal e, mais acentuadamente, as regiões do interior surgem como periféricas face à Europa rica. Em consequência a emigração persiste: "A forte quebra das taxas de natalidade verificadas ao longo destas três últimas décadas, no que se refere à população para a emigração: nascemos menos e mesmo assim continuamos a querer emigrar." (Ferrão, J., 1997, p.177)

Em 1995, o número total de emigrantes foi de 22 579, nos quais o género feminino predominava. É de salientar que os números acima apresentados não se remetem para o espaço Shengen, o que torna os números reais da emigração praticamente inteligíveis. Segundo Ferrão, J. (1997), a emigração portuguesa, ao longo dos séculos XIX e XX, divide-se em três fases consoante a integração portuguesa na economia internacional. O primeiro período é o intercontinental, fazendo-se sobretudo para o Brasil. Entre 1840 e 1940, cerca de 1 200 000 indivíduos terão emigrado, ou seja, 24 000 pessoas ano. O segundo período é designado de continental. Corresponde aos anos 60 e inícios dos anos 70. Nesta fase a participação dos portugueses, no mercado de trabalho internacional, assume características distintas, trata-se de jovens adultos do sexo masculino, sem experiência profissional ou escolaridade. São, portanto, assalariados desqualificados, empregando-se em indústrias como a do ramo automóvel ou na construção civil. A emigração para o Brasil era frequentemente familiar. Os fluxos migratórios intercontinentais eram constituídos por famílias que assumiam a emigração de forma definitiva: "O que significa que a emigração eurocêntrica, na primeira sequência, estava marcada por um carácter individualizante e foi vivida como um período de ensaio." (Lopes, P., 1999, p. 41). O terceiro afloramento emigratório, segundo o autor, desenrola-se, a partir de meados da década de 80, no contexto da globalização, no qual a Suíça e alguns países árabes são o destino dos emigrantes. Operando-se, agora, também mediante a introdução de mão-de-obra qualificada.

Este novo período ainda, hoje, se encontra presente, sendo: "(...) marcado não tanto por novos destinos (...), mas por uma forte componente temporária, sazonal ou não, das migrações. As situações de tipo centro-periferia aprofundadas pelos mecanismos de transnacionalização dos anos 60 tendem agora a dar lugar a soluções simultaneamente mais globais, flexíveis e difusas." (Idem, p. 179). À luz da globalização e da pós-modernidade a emigração ganhou contornos mais difusos. Actualmente, emigra-se para um maior número de países, sendo a emigração efectuada tanto por mulheres como por homens, por profissionais qualificados como por profissionais não qualificados. Em consequência a imagem do emigrante português dos anos 60 deixa de ser a predominante: "A noção do emigrante português reenvia, quase automaticamente, a uma imagem clássica, ou tipo principal: o emigrante dos anos 60, oriundo de meios rurais, de fraca qualificação com aspirações de estadia limitada no país de destino e poupança intensiva para um posterior regresso. Ora o contexto da emigração, modificou-se substancialmente: em resultado, a imagem do emigrante desfocou-se um pouco nos anos 80." (Peixoto, J. 1993, p. 280). Um dos aspectos mais negativos da emigração foi (e ainda é) a desertificação humana e física. Ora vejamos A Voz de Melgaço: "Agricultura: continua-se a cortar e esfolhar os milhos, sendo essa última colheita do ano, fazem tais serviços pessoas que deviam ser postas de parte, umas por falta de saúde, outras por estarem em idade avançada. Temos que nos voltar a outras épocas, ajudando-nos uns aos outros, mutuamente (...). Mas que a hora é de sacrifício temos que nos sacrificar, visto a maior parte dos habitantes desta freguesia que podiam trabalhar, terem emigrado (...). Outros encontram-se no ultramar, cumprindo o dever sagrado de defender a nossa querida pátria, quando do exterior alguém pretende apoderar-se dela." (15 de Dezembro de 1966). Em Melgaço, como em muitas outras terras profundamente despovoadas, o fluxo migratório ganhou como que uma componente sociológica e cultural. Por exemplo, basta pensar que para muitíssimas das famílias melgacenses, a maioria dos seus membros se encontra no estrangeiro, assumindo a emigração, não tanto um carácter de forte repulsão política ou económica, mas antes social, uma vez que as redes sociais de apoio se encontram no estrangeiro, sendo facilitada a introdução dos indivíduos no mercado do trabalho e na sociedade de destino. Parece-nos importante realçar que as remessas dos emigrantes têm constituído um importante contributo para o saldo da balança de pagamentos, sendo ainda um dos factores de financiamento da economia portuguesa, o que, por vezes, para os concelhos de origem não tem representado uma vantagem de maior em termos de investimentos públicos.

A viagem

Como excelente jornalista que era, o Sr. Rocha N. (1965) decide empreender a viagem até Paris com os emigrantes que partiam de Melgaço. A empresa 'Viagem Lugan', sediada em Madrid, na rua Dr. Fleming trabalha também em Ourense. Na referida cidade, executava o transporte dos emigrantes (documentados) para França. Partia primeiro de Ourense, deslocava-se até à vila de Melgaço e depois prosseguir viagem até Paris. Anteriormente era o Sr. Peres – co-herói do livro escrito por Rocha – que conduzia os emigrantes até Ourense no seu velho chevrolet. Entretanto, um empreendedor melgacense tornou possível a partida directa de Melgaço, pelo preço de 650 escudos. "Foi, pois, a 11 de Maio de 1963 que se publicou a notícia sobre o estabelecimento da carreira entre Melgaço e Paris." (Rocha, N., 1965, p. 55). O Sr. Rocha empreendeu a viagem como jornalista, concebendo um magnífico, senão exemplar, trabalho científico de campo. Embarcou, em Melgaço, junto de mais 28 passageiros, dois deles clandestinos. O primeiro trajecto era de Melgaço a Ourense, a viagem desenrolou-se por más e péssimas estradas de montanha. Os emigrantes dispunham para seu gáudio de um farnel: chouriço, frango, presunto e vinho verde. O vinho do Porto e o tabaco eram, por vezes, cobiçados e apreendidos pelas autoridades espanholas. Na fronteira portuguesa, as autoridades não poupavam esforços para evitar o surto migratório e desconfiavam dos passaportes dos turistas, pois, estes eram usualmente usados para dar o "salto". As artimanhas forjadas passavam, por exemplo, pelos passaportes falsos; a fotografia do titular era arrancada e substituída pela do emigrante clandestino. Na cidade galega de Ourense, a camioneta portuguesa dava lugar a uma espanhola. Eram, então, verificados todos os passaportes: "Nos primeiros tempos a camioneta seguia guardada por elementos da polícia espanhola, armados de metralhadoras, para impedirem o ingresso de clandestinos. Na verdade, durante a noite passavam a fronteira na clandestinidade e apanhavam depois a camioneta em território espanhol para seguirem destino a Paris." (Idem, 1965, p. 67). A viagem prosseguia o seu penoso trilho, dirigindo-se para França. Deveria para tal atravessar a fronteira em Dancharineia, nos Pirinéus. Uma vez que a fronteira de Hendaye se encontrava misteriosamente encerrada aos emigrantes. Em paisagem de alta montanha a camioneta, por vezes, não arrancava. Os passageiros eram, então, obrigados a empurrar o veículo. A viagem decorria sem interrupções, não havia justificações para tal! Por vezes, alguns retardados acabavam abandonados em terras desconhecidas e demasiado distantes para as suas posses, aquando de simplesmente darem vazão às suas necessidades básicas. Usualmente, o emigrante apenas trazia consigo algum dinheiro e o contacto, o qual constituía a rede social de apoio – e muito receio e esperança.

Entre Melgaço e Paris, decorriam 96 horas de intensa e penosa viagem. O tratamento facultado pelos motoristas, os quais conduziam duas noites e dois dias sem dormir – algo heróico, mas homicida – era, no geral, desumano. Limitavam-se ao brusco: 'Oh, tu!', revelando o valor simbólico da carga que conduziam.

Para ter acesso ao trabalho, em França, era necessário dispor da famosa carta verde, a qual era fornecida pelas autoridades francesas, permitindo que os portugueses ali trabalhassem legalmente. Como referimos acima, no interior da camioneta encontravam-se dois clandestinos, um deles logrou os seus objectivos, o outro, ou melhor, a outra foi prontamente retida, em Espanha. É de salientar que o percurso descrito se destinava predominantemente aos não clandestinos, as viagens empreendidas por estes revelavam-se muitíssimo mais penosas: "Uma fonte portuguesa bem informada soube que chegaram 60 imigrantes clandestinos que conseguiram passar a fronteira acantonados no vão de uma camioneta carregada de batatas, muitos iam de pé." (Rocha, N., 1965, p. 75). Muitos dos emigrantes clandestinos percorriam o caminho deslocando-se somente a pé. Depois de terem chegado à fronteira entre a Espanha e a França, os passadores compravam-lhes o bilhete de comboio, o qual se dirigia para Paris. O emigrante clandestino encontra-se sozinho, desconhecendo por completo as línguas estrangeiras. O melgacense Ricardo Gonçalves descreveu a epopeia que a viagem constituía: "Eles faladores, começaram logo a arranharem um espanhol cerrado contando-lhe a sua heróica odisseia. A fuga de Portugal, porque por isto ou por aquilo não podiam lá continuar a sacrificar-se. Toda a sua epopeia, abandonados pelos guias, todos os percalços que sofreram, prisão e morte de companheiros, andaram a pé dias e dias, e ali estavam esgotados, extenuados a cair de fome, e muito próximo do desespero total e até da morte colectiva. Só prosseguiam porque a necessidade era muita, e a força de vontade imensa (...). Para continuarem caminho, sem precisarem de chefes, só eles unidos, com uma bucha, podiam os pés desfazer-se em bolhas e sangue, que lhes avançariam sempre." (p. 191). Rocha, N. (1965) relata a desgraça de 45 portugueses ao serem encontrados pela polícia francesa no interior dum camião pesado, o qual presumivelmente transportaria carne, mas humana: "A revista 'Noir et blanc', de 27 de Março, intitulava assim um larga reportagem sobre este assunto: 'Eis os deportados do trabalho'. E acrescenta em grandes caracteres: 'Sobre a estrada escolhida para o percurso que vos conduzirá ao local de férias encontrareis autênticos mercadores de escravos'. (...), viajaram durante quinhentos quilómetros sem um minuto de paragem, sem um copo de água, quase sem ar e há vinte e quatro horas que não se alimentam." (p. 114).

A emigração clandestina, a qual compunha a maioria dos emigrantes portugueses, tem a sua origem na recusa e na extrema dificuldade encontrada em obter um passaporte. Uma das maiores tragédias destes homens e mulheres residia no facto de lhe ser vedado o regresso à terra natal, incorrendo, se assim o fizessem, em cerca de dois anos de cadeia.

É de salientar que os emigrantes espanhóis e italianos não tinham tantas dificuldades na obtenção dos passaportes, os portugueses junto dos jugoslavos constituíam, em França, a maioria dos imigrantes clandestinos. Criaram-se, então, verdadeiras redes mafiosas. Segundo Rocha, N. (1965), estas cobravam cerca de 2 500$00 escudos apenas para se dar o salto na fronteira portuguesa\espanhola. Segundo Marinho, A. (1973), recorrendo a dados obtidos através dos boletins da Junta de Emigração (dados oficiais), o pico da emigração clandestina portuguesa dá-se em 1969 com um total de 93 640 indivíduos: "Apesar das diferenças apontadas entre a primeira e a segunda metade do período de 1950 a 1964, há, todavia, uma tendência geral do crescimento do valor da percentagem da emigração clandestina." (p. 43). A exploração dos emigrantes estende-se até França. Surgem, neste país, os empresários das barracas, as quais ou eram arrendadas ou vendidas. Por vezes, a exploração reveste-se da forma de ajuda, ou seja, um outro emigrante ou um cidadão francês conduz o recém-chegado às várias repartições públicas no sentido de obter a licença de permanência e de trabalho. Estes indivíduos benévolos cobravam cerca de 2 000 escudos pelos serviços prestados.

A conivência entre as autoridades portuguesas e as espanholas era frequente. Segundo a revista referida por Rocha, N. (1965): "Os guardas-civis espanhóis (...) ganham pouco. E, com um suplemento, todas as noites são como a tinta-da-China. Eles deixam de ver o que passa na fronteira." (p. 114). A situação social de ambas as ditaduras encontra-se próxima do canibalismo, era o salve-se quem puder. E é evidente que, neste jogo do rato e do gato, o gato acabava por sair beneficiado, incorrendo também no acto desviante. O que era, porém, considerado normal, até porque os próprios regimes se ostentavam intrinsecamente desviantes.

A maioria dos emigrantes tinha como destino último a cidade de Paris: "Os emigrantes chegavam com as suas malas atadas com cordéis, as suas sacas, os seus embrulhos, traziam as máquinas a petróleo para cozinhar, vinho do Porto para oferecer ao patrão ou aos amigos franceses e os indispensáveis farnéis." (Rocha N., 1965, p. 88).

A vida e o trabalho em França.

"Às portas de Paris os emigrantes disseram-me: é ali. É naquelas casas, na construção civil que nós ganhamos o dinheiro. Em Champigny encontrou – o filho mais velho do Sr Peres – castrejos vivendo em camaratas, miseravelmente, absorvendo toda a noite o cheiro pestilento dos esgotos que passavam à porta (...). Eles ganhavam o dinheiro a trabalhar como cães, sem momentos de descanso (...), dormiam seis e sete num palmo de terra, quase respiração com respiração, comiam da mesma terrina, eram eles quem lavavam a loiça e a roupa." (Rocha, N., 1965, p. 19 e 25). Tendo logrado alcançar Paris, obter emprego era deveras fácil. Bastava comprar um jornal e ler nos anúncios Cherche ouvrier. Após isto, procuravam a direcção e ofereciam-se para trabalhar. Segundo Rocha, N. (1965), o percurso do emigrante clandestino em França era o seguinte:

"1º - Depois de vencer a dura batalha da travessia das fronteiras sem contacto com as autoridades – um emigrante com quem falei andou 44 dias a pé para poder chegar clandestinamente de Portugal a Paris – o emigrante acolhe-se à casa de um parente ou de um amigo, a quem descreve a sua triste situação.

2º A característica solidariedade do português obriga o trabalhador que já se encontra instalado a socorrer o seu semelhante.

3º No dia seguinte ao da chegada, para evitar um contacto prematuro com as autoridades policiais, acompanha-o a uma empresa que necessita de mão-de-obra, habitualmente trabalhadores não qualificados, chamados ´de pá e pica'.

4º - O empresário francês responde: - Sim. Eu preciso de trabalhadores. Mas ele necessita de possuir uma carta com autorização de residência temporária.

Esta carta é passada pela prefeitura mediante uma declaração duma empresa em como o indivíduo interessado tem trabalho assegurado. O empresário passa imediatamente essa carta, com a qual o emigrante clandestino se apresenta na prefeitura.

5º - Ali obtém a autorização de residência temporária. Com esse documento dirige-se ao 'Office National de Immigration', na rua Bargue, solicitando licença para trabalhar em França. Mediante a carta da prefeitura, o 'Office' passa imediatamente o documento pedido.

6º - Legalizada a situação perante as autoridades francesas, o trabalhador clandestino vai ao consulado português inscrever-se. No dia seguinte a estas 'Démarches', apresenta-se ao trabalho, disposto a vencer por qualquer preço a duríssima batalha em que se envolveu.

7º - A partir desta altura, o português passa a ter dois objectivos: ou mandar vir a família ou conseguir vir a Portugal. Presentemente, porém, é difícil alcançar qualquer um deles. E o trabalhador clandestino vai vivendo só, em França (...)." (p. 109).

A construção civil (para rebocar as paredes, pôr a telha, preparar as torneiras, etc.,), a indústria e a cultura da beterraba eram, segundo Rocha N. (1965), as principais actividades dos trabalhadores portugueses, em meados dos anos sessenta. "No conjunto dos quinze anos entre 1955 e 1969 (...). Entre as três grandes divisões das actividades produtivas verifica-se que exerciam a sua actividade no sector primário, um maior número de emigrantes do que os que pertenciam a cada um dos outros sectores." (Marinho, A., 1973, p. 40). É de destacar que os dias de descanso praticamente não existiam. Apenas aos domingos se juntavam, bebiam vinho dos garrafões trazidos da terra, conversavam, jogavam às cartas, próximos de onde residiam e trabalhavam. O emigrante português deslocava-se sempre em grupos, nos seus dias livres. A baixa de Paris era um recanto proibido: "(...) O seu legítimo orgulho é ir ao 'Crédit' e depositar dinheiro para remeter para Portugal." (Idem, p. 165).

Por outro lado, a célebre circular conhecida por «circular Fontanet» que vinculava o trabalhador à carta de trabalho, da qual fazia depender a autorização de residência (Séjour), tornava quase impossível a mudança na profissão e a promoção, sem risco de perder a permissão de residência no país. As condições de vida, em meados da década de 60, eram insalubres e deploráveis, isto é, quase desumanas: "O Figaro publicava uma reportagem impressionante. Descrevia o Bidonville de Champigny, dizia que os franceses, com os filhos pela mão, as malas na outra, fugiam das imediações do bairro de lata, receando uma epidemia (...), mas nas barracas de nove metros de superfície vivem quatro a oito homens e cada um deles paga ao senhorio entre 230 a 550 escudos. (...), o pior ainda era em Nanterre. Ali não havia o vento que soprava no planalto de Champigny, nem a frescura do canal que passava em Aubevilliers." (Idem, p. 160).

Actualmente, os emigrantes residentes no continente europeu, continuam a exercer na construção civil, tendo, no entanto, mobilizado mão-de-obra para o sector terceário. Os portugueses detêm, de entre os estrangeiros, uma das maiores taxas de actividade: "(...) o tipo de organização social do grupo dos portugueses é essencialmente familiar, em que a esposa é activa (71%), cerca de 80% das famílias possuem carro e destas 26%, mesmo dois."(Pimentel, D., p. 109). Esta relativa estabilidade não favorece o retorno, até porque a segurança social portuguesa oferece poucas garantias e os salários ganhos em França teimam em ser muito superiores aos facultados em Portugal.

Concluindo, Portugal continua estruturalmente menos rico, quando comparada com a França. Ao passo que na emigração intercontinental, a actividade profissional e a categoria social se mantinham, na emigração continental o estatuto social e a profissão alteravam-se: "Assim, no período intercontinental, a maior parte dos portugueses que emigraram para os EUA e para o Brasil, mantiveram a actividade socio-profissional exercida no país de origem, ou seja, pequenos proprietários ou comerciantes, artesão ou empregado por conta de outrem. Mesmo quando eram obrigados a uma certa reconversão mantinham a mesma categoria social (...). Ao contrário, a emigração eurocêntrica produz uma transformação radical na actividade socio-profissional exercida pelas populações não-qualificadas e ligadas à agricultura e havendo uma forte procura de força de trabalho no modelo Fordista, a maioria insere-se no modelo de produção industrial. Por seu lado, a migração operou (...) uma grande segmentação e diversificação da actividade profissional, conforme o estatuto e a qualificação do migrante." (Lopes, P., 1999, p. 56). Os trabalhadores por conta própria também têm aumentado na hotelaria, na restauração e na construção civil: "À medida que o ciclo migratório evolui, (...) um número significativo de portugueses estabeleceram-se por conta própria nos sectores de serviços, na hotelaria, na restauração, na construção civil e na importação\exportação. Na verdade, em quase todos os países encontramos um número significativo de empresários." (Idem, p. 63).

Quanto à segunda geração, assiste-se, geralmente, a uma reprodução do nível socioeconómico dos pais, mas também a um aumento da escolaridade e a uma consequente mobilidade social ascendente: "A segunda geração manifesta tendência a reproduzir a posição e o estatuto sócio-profissional dos pais. Porém, existe um número significativo com sucesso no processo de escolarização e na terceira geração aparecem-nos já muitos operários qualificados e algum quadro." (Idem, p. 63). Não poderíamos deixar de mencionar o papel decisivo da mulher, no que diz respeito ao reagrupamento familiar e à entrada na vida activa: "A mulher circunscrita na família aos espaços-tempos do privado e do doméstico, com um papel expressivo, entra irreversivelmente no mercado de trabalho. 70% das mulheres portuguesas em França exercem actividade remunerada. É ela que assume a mediação entre o espaço doméstico e o público, designadamente com as instituições estatais e a sociedade civil." (Idem, p. 191).

O desenvolvimento das relações externas à família, ao grupo e à comunidade portuguesa é levado a cabo mais intensamente pelas mulheres do que pelos homens, isto porque elas desenvolvem actividades que propiciam o estabelecimento de relações interpessoais mais ricas: "(...) o facto de um grande número de portuguesas serem porteiras na cidade de Paris permite-lhes criar uma importante teia de relações sociais que ultrapassam, de longe, o local e onde elas exercem a sua profissão. (...) criando entre eles verdadeiros laços de interdependência. (...)

Em contrapartida, os homens portugueses, trabalhando ainda em grande parte no subsector civil e obras públicas (...) tem por este facto menos oportunidades de criar laços sociais intensos." (Leandro A., 1992, pp. 355-356). O estatuto do emigrante português, em França, alterou-se profundamente através do reagrupamento familiar. Foi, no entanto, através da adesão à União Europeia que o emigrante deixou de ser apenas força de trabalho, passando a ser um cidadão de pleno direito: "Com o reagrupamento familiar opera-se a passagem plena ao estatuto de imigrante (...). (Lopes, P., 1999, p. 210). "O estatuto de cidadão-comunitário alterou a sua posição não só no espaço jurídico-político-económico, mas também na sua auto-imagem." (Idem, p. 213). É de realçar a importância da adesão portuguesa à União Europeia, no que diz respeito à mudança de postura das autoridades francesas face à numerosa comunidade portuguesa. Os emigrantes portugueses abandonaram o seu estatuto de imigrantes, tornando-se em cidadãos europeus de pleno direito. Esta inevitável mudança de postura encontra-se presente, por exemplo, na importância atribuída pelos políticos aos problemas das minorias, pois a comunidade portuguesa poderá conceder a vitória a um ou outro partido político. Segundo Castles, S. & Miller, M. (1993), a importância atribuída pelos políticos às minorias é uma constante em todas as sociedades diversas: "The growing mass of immigrant voters has made many political parties and their leaders more sensitive to multicultural concerns and issues. In some instances, immigration policy debates have been influenced by electoral calculations." (p. 248).

Os sinais da mobilidade social

"O espaço social é dinâmico, verificaram-se mobilidades estruturais. Nos anos 20, Pitirim Sorokim (1927) constatou que os diferentes lugares de classe não permaneciam estáticos. Com o tempo mudam as posições relativas. Não são só os agentes que se movem no espaço; o próprio espaço move-se. Enquanto certos grupos descem outros sobem, ambos em bloco." (Gonçalves, A., 1998. p. 101). O contrabando, a exploração do volfrâmio e a emigração facultaram a mobilidade social, assente exclusivamente na acumulação de capital económico. A qual, por vezes, se levava a cabo em condições deveras penosas. Diz-nos Rocha N. (1965, p. 52): "(...) nada se consegue sem sofrimento (...)." Portanto, no âmbito da episteme da época, a mobilidade social implicava sofrimento. O trabalho árduo e alienado aparece como sendo a alavanca da mobilidade social e da respectiva figuração social posterior, ou seja, da representação simbólica da posição social ocupada na hierarquia social. A pobreza estrutural, a sua situação espacial periférica, de fronteira, conduziu a uma dependência face ao exterior, convidando os portugueses a emigrar. A emigração era – e ainda é – encarada como uma das formas de ascender socialmente, uma vez que, ao longo de séculos, a estrutura social portuguesa foi fortemente hierarquizada, não liberal e que preza a desigualdade: "O mito do retorno articula-se com o mito da fortuna brasileira do enriquecimento rápido. São ambas resultantes duma sociedade extremamente hierarquizada, caracterizada por uma reduzida mobilidade social, na qual a expatriação surge como instrumento de promoção social (...). O mito da fortuna rapidamente amealhada que tinha raízes distantes no passado colonial nas fortunas dos mineiros, das plantações de açúcar e de outros produtos coloniais, era preservado cuidadosamente pelo emigrante." (Pereira, M., 1981, p. 29).
Os actores sociais gastam uma boa parte das suas energias na actividade de se posicionarem na hierarquia social. Este fenómeno efectiva-se trabalhando, acumulando capital, embora actualmente também se faça gastando e consumindo. O que confere oportunidades a outros actores sociais de também se mostrarem, ou seja, de entraram na corrida pelo poder, o qual se ostenta no registo material, mas opera simultaneamente no registo simbólico e cultural.

Actualmente, os factores que promovem a mobilidade social são representados de maneira mais difusa: "No processo de classificação social, os valores das propriedades não são substantivos. Dependem dos contextos e dos avaliadores. Formam um enredo e não um ponto de partida. Nem os factores mais clássicos fogem à regra da disparidade de critérios. Interrogadas sobre o que mais conta e o que mais devia contar para subir na sociedade, as pessoas ora assinalam o dinheiro, ora os diplomas, ora a competência, ora o trabalho, ora a sorte, ora a origem familiar (...)." (Gonçalves, A. 1998, p. 115).

Segundo Wateau, F., alguns dos objectos que melhor transmitem o sinal da mobilidade social ascendente e da riqueza são o automóvel e a casa: "Entre os objectos de prestígio, o carro parece ser o mais importante aos olhos dos melgacenses. No verão com a chegada dos emigrantes, Melgaço inteiro fica atafulhado de veículos (...) os carros estão como que expostos, exibidos à vista tanto de quem está de férias como dos residentes. Alguns deles até são admirados, tanto pelos homens como pelas mulheres. O carro, novo de preferência, representa a riqueza e o êxito, é o atributo masculino típico do emigrante." (2000, p. 202). "As casas (...) surgem como um desafio permanente lançado aos outros, constituem desafios de êxito económico e sucesso (...). À semelhança de Albertino Gonçalves, pode-se dizer que: "a casa impõe-se como mediação. Mas não é só o emigrante que se investe simbolicamente nela, os seus apreciadores e detractores também." (Idem, p. 203). Outro elemento curioso a salientar é a percepção social entre os que emigraram e os residentes que lograram algum sucesso. Os emigrantes construíram, por exemplo, a sua vivenda, contudo pressente-se algum ressentimento recalcado face aos que cá permaneceram. Uma vez que estes últimos não tiveram que passar pelas situações humilhantes e penosas. Ou seja, não foram obrigados a dar o "salto", logrando, no entanto, o tão anelado sucesso social. Assim sendo, mais do que o aspecto da distância, a repulsão e o abandono da terra natal afloram como sendo socialmente mais representativos do que o esforço ou o perigo (no contrabando) empregues nas actividades.

O contrabando, a exploração do volfrâmio e a emigração propiciaram a mobilidade social. Passa-se de um mundo rural perfeitamente estruturado e estático para um mundo urbano e destruturado. No qual ambos os grupos parecem não compreender, nem o passado, nem o presente. Ambos os grupos (emigrantes e residentes) se transformaram em "fidalgos-lavradores", próximos do registo literário de Júlio Dinis. Diz-nos Rocha, N. (1965), relatando-nos os primeiros indícios de mobilidade social e os sequentes conflitos perante uma nova realidade, ou seja, perante a mudança do ancestral status social: "Semanas depois recebia (a mulher) uma encomenda, um pequeno transístor que ela olhava embevecida e fascinada. Depois (...) perante a surpresa dos vizinhos, atónitos, ela encaminhou-se para o banco e levantava alguns contos de reis." (p. 18).

"(...) que tinha um Volkswagen e ainda era bonita, com o desembaraço que obtivera na escola da farmácia do Porto, fazia comícios à noite, lá na farmácia (...) a emigração estava a arruinar o país, a desbastar a única riqueza que nós tínhamos: os braços dos trabalhadores (...) dona (...), burguesa não compreendia a mobilidade social a ostentar-se nas novas vestes das esposas dos emigrantes. A emigração representava também, deste modo, uma luta de classes." (Idem, p. 22 e 23). No início da década de 60, em Melgaço, as classes sociais dominantes manifestam-se em frente à Câmara Municipal contra a emigração. O forte fluxo de emigrantes colocava em causa a posição social das classes dominantes. A oposição ao fenómeno da emigração manifestava-se no contexto institucional, condicionando o fenómeno emigratório, e também no contexto social. A casa afrancesada é a materialização do sonho do emigrante. Uma vez que é algo de visível, é também alvo dos estereótipos da resistência social contra as mudanças que a emigração introduz.

Afirma Saraiva, H. (1987), referindo-se à questão da mobilidade social, a propósito da casa francesa, em Melgaço: "É o problema da casa Francesa, questão que anda tanto na moda que sinto a necessidade de, para meu próprio governo, passar ideias a limpo. Primeira ideia, cada um tem o direito essencial de fazer a sua casa conforme ao seu gosto, desde que com isso não ponha em risco a segurança de todos. Segunda ideia, gostos não se discutam. Terceira, cada terra tem as casas que merece." (p. 10). No fundo, o empobrecimento educacional dos emigrantes e dos residentes conduziu à construção das casas francesas. De que década são os PDM? Contudo, agora, as casas afrancesadas fazem parte da nossa cultura, tal como as vivendas abrasileiradas o são: "Na cultura joga-se uma espécie de jogo de verdade, na qual a cultura mais forte fica sempre por cima (...) por isso é uma valorização, um enriquecimento, um ganho." (Idem)

"(...) A cultura de cada grupo é uma seiva de vida que muda com as características do terreno e da situação, ao regressarem, mudados sem darem conta, trazem com eles fragmentos da cultura da terra onde viveram e ali assimilaram novas misturas, as quais operam nas suas terras relativamente à construção de casas, aos costumes, às formas de cultivar a terra e de educar os filhos." (Gameiro, A., 1984, p. 3). A este propósito Leite C. (1993), num estudo realizado em quatro aldeias, uma das quais foi Parada do Monte, diz-nos que as casas totalmente afrancesas são muito poucas, tendo participado na sua construção todos os intervenientes usuais, aquando de se construir uma habitação. O que verdadeiramente terá mudado, segundo a autora, será o estilo de vida, propiciado pela mobilidade social: "(...) o número de projectos importados é apenas de 10%, aproximadamente nesta amostra. Quando ao gosto, bom ou mau, ele resulta de uma negociação, da qual fazem parte o emigrante, o desenhador, os construtores e os regulamentos municipais, além dos modelos locais de origem diversa e não necessariamente importados.

Finalmente, nada nos permite concluir, depois de termos visitado e estudado 65 casas e as famílias que as habitam, sobre a inadequação das novas construções aos novos modos de vida dos seus proprietários." (p. 201).

Será curioso notar que a palavra casa transporta em si algo de muito mais profundo do que a mera construção arquitectónica, pois, etimologicamente deriva do grego antigo, significando ethos, ou seja, ética. A palavra casa é, pois, ontologicamente o lugar do ser, no qual cada um de nós partilha com os outros a vida, dando origem à ética, a um lugar de fronteira feito de encontros e desencontros, de partilhas através das quais nascem novas formas de ser, novas regras e costumes, isto é, novos ethos.

Contudo, a casa para o emigrante, mais do que o encontro com o outro, significa o regresso simbólico e económico à terra-mãe: "Mas a casa do campo revela-se única pela sua mais simples significação. É para os seus habitantes, por si só, o universo da intimidade, da família, da mãe (...). É abrigo e lar. Além disso é fixa, estreitamente associada à terra fecunda da agricultura, ao jardim (...). Inscreve-se num espaço organizado para a vida e carregado de todos os valores quase míticos que se associam à terra, à mãe, à reprodução de seres." (Fremont, A., 1980, p. 130). Ao longo deste rio Minho que serviu, em tempos recuados, de escudo à independência de Portugal: "Os efeitos da emigração sentem-se fortemente na região. Além da (e pela) sua dimensão económica na região, a emigração permitiu reduzir as disparidades entre as pessoas, do mesmo modo que permitiu aumentar as possibilidades de adaptação dos jovens (escolaridade mais longa, vida profissional não especificamente rural, etc.)- Além disso, as pensões de reformas dos idosos, recentemente distribuídas pelo estado, modificaram também a relação com a terra e familiares, homogeneizando de certa forma as relações económicas entre os indivíduos e entre classes etárias. (...). Portanto, a emigração regular de uma grande parte da população alterou a ordem social vigente, no mundo dos camponeses, igualando, através do dinheiro as diferenças de nível social: promoveu os não-nobres-camponeses originários de famílias modestas, baralhou as regras de jogo ancestrais em matéria de relações sociais e contribuiu assim, de alguma forma, para homogeneizar a população global. Numa segunda fase, o dinheiro da emigração foi amealhado. Em 1996, para uma população total de 10 755 habitantes, havia em Melgaço não menos de dez bancos." (Wateau, F., 2000, pp. 23-53). A antropóloga refere-se à conflitualidade agónica, latente nas interacções sociais, em Melgaço, como sendo o motor das trocas sociais, sem as quais não seria possível a mobilidade social. Serviu-se do exemplo dos conflitos emergentes, aquando do verão, devido à necessária partilha da água para a rega, contribuindo de modo notável para a compreensão da sociedade melgacense: "(...) Freund define e distingue igualmente dois estados de conflito que podem misturar-se e combinar-se: um que qualifica como polémico e outro como sendo agonal. O primeiro é directo, o segundo desenvolve-se mais em torno de uma rivalidade entre dois indivíduos, concorrência ou concurso. É precisamente isso que se observa, em Melgaço." (Idem, p. 157). "Portanto, é através do dinheiro e da despesa que o desafio ganha forma. Aqui, mais uma vez, os emigrantes são os parceiros privilegiados deste tipo de relação de troca." (Idem, p. 200).

O discurso transcrito anteriormente – referindo-se ao conflito latente entre os emigrantes e os residentes, o qual resultou do medo à mudança nos estatutos e nos papéis desempenhados por todos os actores sociais – depressa se esmoreceu. De facto, o dinheiro e o consumo foram o veículo para tal mudança, constituindo-se ainda como o vínculo essencial entre os residentes e os emigrantes: "(...) aumentou o rendimento diário da sua farmácia, os emigrantes agora compram vitaminas para os filhos e as mulheres já adquirem água-de-colónia. O médico vê mais doentes, tem às vezes a impressão de que a população aumentou. Mas não. É que o povo está mais evoluído, cultivando-se com o contacto no estrangeiro, ocorre ao médico ao primeiro sintoma da doença." (Rocha, N., 1965, p. 162). "A vila precisa de mais táxis: Melgaço tem progredido muito sobretudo em razão dos emigrantes que transformaram por completo a fisionomia da nossa terra, bastaria citar como prova de facto a circunstância de haver seis talhos na vila e todos com excelente venda." (A Voz de Melgaço, 15 de Agosto de 1966).

A mobilidade social na área fronteiriça, à qual Melgaço pertence, se efectuou segundo os ditames da emigração, do contrabando e da exploração de volfrâmio. No caso particular da emigração, a importância atribuída ao fenómeno como motor da mobilidade social encontra-se espelhada na edição do Notícias de Melgaço, de 18 de Dezembro de 1966. Nesta edição compara-se, em termos da importância social atribuída pelos cidadãos, o emigrante com o soldado colonial: "(...) Para Melgaço, que tantos têm tido ao serviço da pátria, verifica-se que um militar que regresse das fileiras do Ultramar, é letra morta. Liga-se muito mais importância a um que regresse de França ao volante do seu 404 ou de um boca de sapo (...)." (Ano, XXXVIII, nº 1609). A emigração foi, portanto, a grande alavanca da mobilidade social. Em termos históricos, foram, no entanto, o contrabando e a exploração do volfrâmio que primeiro geraram expectativas de uma vida melhor: "Pensavam, seria o volfrâmio acessível a toda a gente, inclusive os pobres, que vinha pôr justiça, naquela terra, em que os não privilegiados estavam sedentos de oportunidades, que os guindasse a ter direito a viver com as mínimas condições que um ser humano merece." (Ricardo Gonçalves, 1981, p. 13).

Findo o negócio do volfrâmio, a expectativa volta-se para a emigração. A exploração do volfrâmio, uma vez que fomentou o aumento das expectativas de uma vida melhor terá propiciado a emigração continental precoce. Até aos anos 80, a raia fronteiriça passa por três grandes momentos económicos: o contrabando, a exploração do volfrâmio e a emigração. Do afirmado nos dá conta o romance do melgacense Ricardo Gonçalves: "Quando até os ricos em Portugal, começaram a sentir a crise que avassalou a Europa, com o advento da 2º Guerra Mundial, mas para manter o seu nível de vida exploravam mais selvaticamente os trabalhadores. O contrabando recrudescia, a Espanha, toda destruída e sem nada, comprava tudo. Mas o contrabando só dava lucros para alguns. E o povo, agastado, sem forças anímicas, quase que esmorecia.

Só acordou quando surgiu a febre do volfrâmio. Homens então ávidos de melhor sorte partiam com o saco às costas, remendado e sebento, sempre o mesmo saco a servir de arremedeio da mala de viagem. (...). No saco de mistura com muitas esperanças e sonhos, uma bucha para o caminho e alguns farrapos." (Idem, p. 12). Segundo Barreto A. (2000), economicamente a emigração teve alguns benefícios. Ao reduzir a oferta de trabalho, constituía uma pressão para o aumento dos salários, especialmente no sector agrícola e industrial e para a redução do subemprego nesses sectores. Por outro lado, estimulava o consumo privado e reduzia a balança de pagamentos. Mas, se alguns enriquecem, obtendo a almejada mobilidade social ascendente, a verdade é que a região continua a ser repulsiva para quem a habita: "Os custos da emigração são difíceis de quantificar, incluindo a mudança nos padrões de vida no interior, desertificação de algumas regiões e custos pessoais dos emigrantes tanto sociais como culturais."(Barreto, A., 2000, p. 620).

A imigração

Portugal, ao longo dos séculos, foi um país de emigrantes, ao ponto de se falar da diáspora portuguesa. A questão das migrações, e das trocas que elas implicavam, é muito grata à história portuguesa. Segundo Dias, J. (1990), é com a expansão portuguesa, a partir do século XV, que se abre a última fase das migrações humanas. Nas últimas décadas, Portugal tornou-se também destino e ponto de passagem de muitos imigrantes: "A semiperifização faz de Portugal não só país emissor e receptor de fluxos migratórios, mas também uma placa giratória de outras rotas migratórias internacionais." (Lopes, P., 1999, p. 94). A imigração vem colmatar a fraca capacidade de trabalho nacional para dar resposta ao crescimento da actividade produtiva. Tal como sucedeu em França, os imigrantes desempenham as funções desejáveis dos locais. Os mesmos erros com que se defrontou o emigrante português parecem estar a verificar-se face aos imigrantes. Foi a colonização da Madeira e dos Açores que trouxe os primeiros imigrantes, vindos do norte da Europa. No século XX, a mobilidade humana para Portugal inicia-se com o processo de descolonização: "(...) começa com a ocupação do Estado da Índia pela União Indiana que provocou um fluxo significativo de refugiados desses territórios não só para Portugal, mas também para Moçambique." (Idem, p. 101). Em Portugal, a partir de 1974 e de 1975, cerca de meio milhão de portugueses, residentes nas ex-colónias, regressaram de forma forçada. Segundo Medeiros (1986), a maioria fixou-se nos distritos economicamente mais ricos do litoral. Nos últimos anos, os fluxos imigratórios têm aumentado substancialmente. Em primeiro lugar, chegaram os nacionais dos países africanos de expressão portuguesa, assim como brasileiros, no sentido de colmatarem a carência de mão-de- obra na construção civil.

No anos 80, fruto da globalização, apesar do nosso país se constituir como uma zona periférica face à Europa rica, começa a acolher outros povos. Estes imigrantes são profissionalmente não qualificados. Simultaneamente, inicia-se, a partir de Portugal, a emigração de indivíduos qualificados e, por vezes, altamente qualificados, já não apenas para a Europa, senão que se dirigem para qualquer parte do mundo.

Os contornos tanto da emigração como da imigração tornam-se difusos: "Portugal deixa assim de constituir uma periferia bem definida de forças de trabalho desqualificada para as empresas fordistas da Europa mais desenvolvida para integrar bacias de emprego de contornos difusos, estruturalmente instáveis e polarizados por diferentes focos de emprego. Ao mesmo tempo diversifica o perfil do emigrante, desde aquele que se limita a responder à procura sazonal e instável por parte de actividades localizadas, sobretudo, na Suíça ou em França (...), geralmente com um reduzido nível de competências técnicas, ao operário especializado." (Ferrão, J., 1997, p. 179).

Após a queda do muro de Berlim e da desintegração da União Soviética, são os povos eslavos os novos imigrantes, juntamente com as gentes do Norte de África, não descurando o crescente número de asiáticos, maioritariamente oriundos da China. Estes últimos dedicam-se à restauração e ao comércio. Existem ainda comunidades indianas, paquistanesas, etc. As estimativas oficiais, referentes ao ano de 2001, apontam para um total de 348 900 imigrantes clandestinos. O último período de legalização terminou em 20 de Novembro de 2001. Todos aqueles que entraram, após a referida data, são considerados imigrantes ilegais, não lhes sendo facultada qualquer autorização de residência.

O crescimento da população estrangeira, em Portugal, tem vindo a acentuar-se, nos últimos anos. Repare-se que, segundo Lopes, P. (1999), em 1997, apenas residiam no distrito do Porto, 10 669 estrangeiros. Existindo, no entanto, em 2002, mais imigrantes do que emigrantes. A situação portuguesa face aos imigrantes revela-se como sendo um fenómeno novo, em termos históricos. A imigração, apesar de ser em si salutar, não deixa, no entanto, de ser um fenómeno delicado, em termos sociais e políticos. Uma vez que estes imigrantes se juntam aos quase dois milhões de pobres existentes no país.

Na cidade do Porto, por exemplo, as centenas de ilhas facultam guarida aos imigrantes eslavos e muçulmanos, os quais em situações económicas muitos precárias se tornam vizinhos dos portugueses pobres residentes nas ilhas. Estas bolsas de pobreza poderão originar graves conflitos sociais. Actualmente, o desemprego, a baixa formação académica e profissional, a toxicodependência, o alcoolismo, as diferenças culturais etc., resultam na segregação económica, pois estes cidadãos não dispõem de possibilidades económicas para participar numa sociedade que se deseja consumista. Diz-nos Xiberras (1996): "Numa sociedade onde o modelo dominante continua a ser o "homo economicus" convém participar na troca material e simbólica generalizada. Todos aqueles que recusam ou são incapazes de participar no mercado serão logo percebidos como excluídos. A pobreza significa a incapacidade de participar no mercado de consumo." (p. 28). Poderíamos, então, afirmar que o factor económico, o corte dos laços materiais que relacionam todos os membros da comunidade, funda a exclusão, precedendo a exclusão simbólica.

Segundo Eco, H. (1998): "A intolerância coloca-se antes de qualquer doutrina. Neste sentido a intolerância tem raízes biológicas, manifesta-se entre os animais com a territorialidade, assente em reacções emotivas, muitas vezes, superficiais – não suportamos os que são diferentes de nós porque têm a pele diferente, porque falam uma língua que não compreendemos (...)." (p. 112). Esta segregação espacial afigura-se, deste modo, muito profunda, remetendo para os primórdios da evolução humana: "O encontro com o que vem de fora, o que não está na mesma casa, nem fala a mesma língua provoca sempre um certo desconforto (...). A sua presença faz-nos perceber que não somos donos da nossa própria casa. A percepção do outro diferente e estranho desencadeia duas atitudes opostas e paradoxais, suprimir o que é estranho ou reconhecer nele qualquer coisa de estranho em mim (...)." (Lopes, P., 1999, p. 107).

Mas, ainda segundo Eco H. (1998), a maior intolerância é perpetrada através da ruptura dos laços materiais: "E mais, a intolerância mais tremenda é a dos pobres que são as primeiras vítimas da diferença. Não há racismo entre os ricos. Os ricos, quando muito, produziram as doutrinas do racismo, mas os pobres produzem a sua prática bem mais perigosa." (p. 115). Entretanto, a população mundial persiste em aumentar. A ONU calcula que no ano 2050 haverá 11 000 biliões de pessoas no planeta. O crescimento populacional desenrola-se em países subdesenvolvidos ou em vias de desenvolvimento, daí a sua estreita vinculação com a questão da imigração. No sentido de mitigar a situação, os países mais pobres pouco mais têm feito que esterilizar as mulheres, como se se tratasse de uma regressão bíblica à culpa intrínseca de Eva. A questão alarga-se enormemente se pensarmos numa célebre interrogação de Eça de Queirós: com quantos pobres se faz um rico? Invertendo, de certo modo, a interrogação do romancista, podemos obter uma expressão perversa: nem todos os seres humanos podem ser ricos. Isto porque os recursos naturais são escassos. A economia é a ciência que lida e tenta prever a gestão dos recursos ou bens escassos. No entanto, nos últimos séculos, esta gestão, esta economia tem-se revelado desastrosa, em vez de gerir os recursos de modo sustentável e justo assiste-se à sua delapidação. Eis que a questão da identidade ganha relevância, pois qualquer alteração no actual modelo económico progressista implicará enormes mudanças nos estilos de vida, ou seja, naquilo que somos ou que pensamos ser. Para Portugal – no que diz respeito ao envelhecimento da população – e para terras ou regiões fortemente desertificadas, a imigração constitui-se como sendo um fenómeno potencialmente benéfico.

A globalização baralhou os dados. A região do Alto-Minho, a qual se apresenta desertificada e amplamente periférica perante a Europa rica, agora, passa a ser alvo de imigração como se fosse uma região rica da Europa. Aos benefícios retirados a partir das relações fronteiriças, junta-se agora os da imigração. O modelo de desenvolvimento na zona raiana do Alto-Minho passa, em qualquer caso, pelo modelo de desenvolvimento sustentável: "Antigamente, o desenvolvimento tinha de ser prioritariamente económico, isto é, assegurar um crescimento do rendimento per capital.

Em seguida, deveria ser social e humano, mas também de bem-estar (...). A posição dos nossos dias é que o desenvolvimento deve ser sustentável, isto é, respeitar o ambiente." (Verón, J., 1995, p. 78).

Segundo Ferrão J., (1998), o subdesenvolvimento do interior – sobretudo nas zonas fronteiriças – deveu-se, ao longo de séculos, ao baixo nível relacional existente: "(...) o interior existe! Não pelas razões tradicionalmente invocadas, mas pelo facto de uma vasta faixa rural que se estende da linha Gerês\Montesinho à serra algarvia partilhar de um traço distintivo: a existência de espaços extensivamente caracterizados por uma baixa densidade relacional." (p. 90).

A interioridade e a fronteira conduziram a uma escassez de trocas sociais, ou seja, a um empobrecimento económico e humano. Assim sendo, no sentido de contrariar a interioridade torna-se necessária a mobilização dos indivíduos, no sentido de os capacitar como actores sociais: "Reconstruir o interior destruindo a interioridade implica, o desenvolvimento de estratégias activas de inclusão, mobilizar actores individuais, integrá-los em objectivos comuns e em linhas de rumo estrategicamente partilhadas, co-responsabilizá-los na missão de criar condições de desenvolvimento para as regiões onde vivem e actuam. E, nesta tarefa específica, cabe ao estado um papel crucial (...)." (Idem, 2002, p. 90). A política de inclusão passa pela acção de todos os actores sociais, incluindo os imigrantes. Segundo a constituição portuguesa todos os estrangeiros que se encontrem ou residam em Portugal gozam dos direitos e estão sujeitos aos deveres do cidadão português. Trata-se, no fundo, de atribuir aos imigrantes direitos e deveres de cidadania: "Os direitos de cidadania operam assim como mediadores entre a acção dos indivíduos e as estruturas sociais: nesse sentido, a progressiva constituição da categoria de cidadania configura, nas sociedades democráticas e industrializadas uma forma especial de organização do espaço político." (Mozzicafredo, J., 1997, p. 182).

A identidade ou as identidades?

As migrações não são fenómenos recentes, mas de sempre, de tal modo que remetem para aquilo que somos como entidades bio-psico-sociais. A espécie humana formou-se mediante as andanças dos nossos mais remotos antepassados. Caminhante o caminho faz-se caminhando, no dizer do poeta António Machado. Neste registo, a temática aprofunda-se. E se os nossos antepassados comuns não tivessem caminhado sobre a savana? E se não tivéssemos emigrado ou furado a fronteira para contrabandear, seriamos o quê, hoje?

A identidade, tal como a cultura, resulta da interacção social com os Outros, como a figura da alteridade. É a comunicação – a qual etimologicamente significa colocar em comum – a troca e a partilha que forjam a ponte entre dois universos distintos, entre duas pessoas, entre duas regiões ou países. A comunicação – e a tolerância que se encontra subjacente, uma vez que não existindo partilha, o colocar em comum, não existiria comunicação – encontra-se, pois, na génese da cultura. A comunicação na sua forma verbal ou não permite que o simbólico aflua entre as pessoas. É de salientar que a palavra símbolo etimologicamente implica a existência de duas peças simétricas, as quais apenas ganham um sentido mais abrangente quando juntas.

Trata-se do Eu e do Outro: da identidade e da alteridade. Pelo contrário, a imagem, o imaginário, na ancestral cultura grega, remete para a representação de algo, para a sua reprodução, mas não para a criação de algo novo. A imagem obtida a partir de um espelho aflora em nós às avessas. Em termos da percepção visual a palavra imagem, tal como para os Gregos, significava ver às avessas, contendo em si não a essência nem a substância, mas o erro.

A falta duma identidade coesa, na configuração do desenraizamento territorial e temporal, poderá conduzir a formas ideossincráticas graves, por exemplo, ao racismo ou à xenofobia, como maneira de resolver o conflito e o medo latentes. Diz-nos Gameiro, A. que: "(...) tanto o desenraizamento como o etnocentrismo partem duma insegurança interior. O primeiro leva a reagir com a adaptação mimética ou camoleónica, o segundo com atitudes e revelações rígidas com grupos de fora do próprio. Um e outro podem desembocar na agressividade hostis contra os opositores, só que os etnocentrismos podem ser opositores doutros etnocentrismos e dos desenraizamentos e vice-versa." (1984, p. 50)

A cultura, quando analisada em termos espaciais, resulta numa miríade de culturas, contendo em si cada uma delas a sua identidade peculiar, quando comparada com as demais. O mesmo espaço territorial detém em si várias culturas, isto porque o todo é sempre maior que as suas partes. Deste modo, a identidade surge a partir da alteridade. A alteridade fornece-nos a descontinuidade temporal e espacial, contudo também nos faculta a comunicação, as pontes necessárias para construir novos caminhos. A identidade é uma organização psíquica que confere uniformidade, continuidade e mutualidade à percepção existencial dum indivíduo ou dum grupo. Em termos conceptuais, o conceito de identidade foi desenvolvido por E. Erikson (1968), este foi o psicanalista e psicólogo do desenvolvimento a verter-se sobre o Outro, sobre as variáveis socioeconómicas e históricas que conferem forma e conteúdo ao indivíduo. Do intrapsíquico (do dentro, na fronteira do Eu) passa-se para o social (para o fora, para o Outro), conferindo especial relevância à relação, ao estar e ao ser com o Outro. A identidade forma-se através de duas dimensões essenciais: o espaço e o tempo. Na pós-modernidade e na sociedade dita globalizada as dimensões do espaço e do tempo encontram-se alteradas. É possível encontrarmo-nos em Bali e no Rio do Janeiro, em simultâneo. Contudo, é na dimensão temporal que ocorre uma maior disfunção, quer porque a actual sociedade é demasiado vertida para a tecnologia, para o futuro, descurando as aprendizagens do passado, quer porque implica intrinsecamente rupturas temporais.

A procura das origens, da identidade ganha sentido numa sociedade global, sendo nesta obra entendida como um movimento de defesa face ao olvido produzido pela globalização. A identidade não é apenas um processo intrapsíquico, senão que também muntidimensional. O indivíduo interage consigo mesmo através das suas instâncias psíquicas, mas, simultaneamente, com as oportunidades e as limitações económicas, políticas, etc. que o contexto social de pertença lhe impõe. O desenvolvimento psicossocial promove-se com a interacção de todas estas variáveis: "A identidade é também um fenómeno interpessoal, na medida em que se baseia na forma com os outros percebem o indivíduo e se manifestam através de comportamentos que são avaliados pelos outros." (Costa, E., 1991, p. 31).

A sua formação possui uma dupla função genérica: psicológica e social. Assume uma função psicológica, visto que permite definir aquilo que se é e o que se pretende ser. É social, uma vez que está em causa a definição do estatuto e do papel social a desempenhar.

No processo de desenvolvimento cultural ou identitário, não basta apenas forjar uma identidade forte, coesa e uniforme aos ataques do fluir inexorável do tempo e do espaço, mas também a confirmação do outro na nossa identidade. O social não se exerce, não se forja no vácuo social: "Não somos só a cultura que inserimos em nós, mas é pela cultura que sabemos a nossa identidade. É por ela ainda que outros nos confirmam no nosso ser, valor e estima ou nos desconfirmam a identidade." (Gameiro, A., 1984, p. 43). Note-se que, do nosso ponto de vista, não corremos riscos de maior ao transformar um constructo do âmbito da psicologia para o registo socioeconómico: "O aspecto inovador de Erikson consiste em considerar a relação existente entre o indivíduo, o meio social e as influências históricas." (Sprinthall & Collins, 1999, p. 145). Não será por mero acaso que o sociólogo Giddens A. (1994) agarra no conceito de confiança básica formulado por Erikson, o qual se refere ao primeiro estágio de desenvolvimento da identidade, ou seja, confiança básica vs desconfiança básica, atribuindo especial relevância à identidade: "Na óptica de Giddens será este um objecto premente, fruto de uma modernidade que vem exaltando os valores individuais, mas que concomitantemente, lhe retirou a segurança das identidades grupais duradouras (família). Assim, a uma concepção clássica de socialização finita no tempo como processo definidor da personalidade e integrador no espaço social, veio progressivamente sobrepor-se uma noção social de sociabilidade como um processo permanente." (Maia, L., 2002, p. 196). Giddens, A. (1994) designa de confiança básica à forma da relação original, a partir da qual emerge uma orientação emotivo-cognitiva no sentido dos outros e do mundo. A confiança básica descrita, em primeiro lugar, por Winnicott, forma-se mediante a atenção carinhosa, pela relação recíproca, pela permissão e pelas respostas prazerosas prestadas pelas figuras cuidadoras, nos primeiros meses de vida do bebé. O nosso dia-a-dia coloca-nos perante situações complexas, a confiança básica permite ao indivíduo colocar de lado o questionamento ansioso. A confiança básica revela-se também importantíssima ao nível socioeconómico; o que seria feito dos bancos, das seguradoras, da especulação bolsista, caso não existisse confiança básica nas instituições? A identidade do emigrante parece ser a do seu próprio percurso, a migração exterior cristalizou-se na caminhada para o interior. Numa sociedade esquizofrénica como a descrita por Deleuze, G. & Guattari, F. (1987), a qual se caracteriza, em parte, pela falta de território tanto mental como físico, a desterrorização e o desenraizamento ganham terreno.

No caso dos emigrantes e dos contrabandistas torna-se evidente que essa confiança básica não era facultada, não existia atenção serena da pátria – mãe, assim como não existia permissão para explorar o mundo, senão que a ansiedade, o alheamento e a incoerência se ostentavam como predominantes nas trocas sociais estabelecidas:

"O que nos leva, por um lado, a definir a identidade do migrante como uma identidade – rizoma. Tomamos a imagem a Deleuze et Guattari, para exprimir a oposição a uma identidade de raiz única e estática, própria da identidade comunitária e baseamo-nos na poética da relação de que fala Glissant (...), segundo a qual a identidade desenvolve-se na relação ao outro, integrando e assumindo simultaneamente vários envelopes identitários e múltiplas pertenças." (Lopes, P., 1999, p. 214). É assim que os emigrantes constróem a sua identidade, vindos dum Estado profundamente rural, católico, mas que os repulsou, não mostrando confiança no indivíduo como pessoa, remeteu-se para uma sociedade moderna e pós-moderna. A identidade do emigrante forma-se no exercício pendular das idas e das vindas (como, de resto, o assinalou Poinard), das auto-estradas, da não identificação com a sua terra, com o seu país de origem, sendo ainda rejeitados culturalmente no país de acolhimento, no qual constituíram, em parte, o motor do desenvolvimento. Assistimos a um fenómeno de mistura e de mutação cultural, a tal ponto de se falar não apenas em invasões migratórias como também nas misturas culturais que elas implicam; não se cruzam apenas oceanos, mas também culturas: "Muitos dos problemas modernos derivam da mudança cultural que se operou nas famílias. De sistemas fechados de cultura, microculturas, passaram a fazer parte de uma macrocultura, extensiva de maneira crescente a maiores conjuntos geográficos." (Gameiro, A., 1984, p. 63).

A desterritorização, tanto para Deleuze como para Guattary, é um fenómeno social e psíquico. Os autores fornecem o exemplo literário e nómada tomado pela geração Beat (Burroughs, Ginsberg, etc.) para definir o conceito. Os romancistas percorriam o continente americano à deriva, buscando histórias, conteúdos literários. De resto, os autores pensavam que este fenómeno era característico da cultura dos Estados Unidos da América, tendo sido como que aculturado para a Europa. Para os autores o conceito não deixava, contudo, de emanar uma conotação romântica. A carência dum território próprio, de um espaço definido, procede da não compreensão da sociedade que rodeia o indivíduo, resultando na sensação de estranheza; de se não controlar o rumo da vida: "O risco é ainda maior para os emigrantes isolados. A falta repentina de todos os apoios e marcos de referência das pessoas fá-las mergulhar na desorientação e na confusão. Caem na hesitação e dúvida do que se espera deles, do que é bem e mal, do que devem ou não fazer." (Idem, 1984, p. 17). "Nem faltam doenças mentais mais graves como resultados do stress por que passam os emigrantes e das ameaças da perda da sua identidade cultural. Foram observadas psicoses reactivas paranóicas em que os pacientes apresentavam sintomas de grandeza, perseguição e agressividade." (idem, p. 99). Este conceito aplica-se na perfeição aos fluxos migratórios e ao contrabando, uma vez que os movimentos espaciais das pessoas dependem dos interesses oportunistas da máquina capitalista.

Contudo, o conceito não se restringe ao âmbito geográfico e económico, vertendo-se também sobre as esferas social e psíquica. Neste última, a perversão encontra-se no facto do inconsciente (segundo Freud, o inconsciente é como que um baú, algo invisível, recalcado, mas latente, não compreensível) produzir a realidade, como se fosse uma fábrica. Mais uma vez, em termos psíquicos, não temos o vazio do inconsciente, mas uma fábrica de realidade delirante, que afecta de sobremaneira a nossa vida consciente, uma vez que não compreendendo, o inconsciente constrói as realidades conscientes, isto é, a realidade. Do inconsciente afloram conteúdos, os quais, por sua vez, se tornam na única realidade, ou seja, na componente consciente do indivíduo. Tal facto é absurdo e paradoxal. Neste contexto, o indivíduo é uma máquina vazia, prenhe de nada, porém será precisamente esse nada que irá constituir a sua realidade. A passividade do psiquismo (a pequenez do emigrante e do contrabandista) que flui ao sabor do delírio inconsciente é paralelo ao dos interesses capitalistas, os quais forçam a deslocação de massas humanas ao sabor dos seus interesses, muitas das vezes também delirantes. Neste contexto, o indivíduo é apenas um elo duma relação em cadeia, tal como na produção Fordista, o todo escapa-lhe, não o podendo controlar; o indivíduo não irá controlar o desenrolar da própria vida.

O alheamento das autoridades, as quais não forneciam qualquer resposta às necessidades das populações, remeteu os indivíduos para um desamparo aprendido, o qual se manifesta na descrença, no negativismo, face ao mundo. Contudo, a necessidade de sobreviver, o instinto da vida sobrepõe-se. E os homens e as mulheres procuraram, a despeito de tudo e de todos, noutras paragens relações mais seguras, mais prazerosas, enfim uma vida melhor. Grinberg, L. & Grinberg, R. (1998) estudaram clinicamente os efeitos das mudanças bruscas no espaço. Diz-nos o casal argentino Grinberg (1998): "(...) é uma mudança de tal magnitude que não põe apenas em evidencia a identidade, mas também a põe em risco. A perda de objectos é maciça, incluindo os mais significativos e valorizados: pessoas, coisas, lugares, língua, cultura, costumes, clima, às vezes, profissão e meio social, etc., aos quais estão ligadas recordações e intensos afectos, assim como também partes do self e os vínculos, incluídos a esses objectos." (p. 134). "(...) tem-se observado igualmente que emigrar duma cultura de sociedade complexa e mais evoluída, como por exemplo, a urbana ou industrializada, para uma cultura igual ou mais simples, não afecta tanto o equilíbrio humano como no oposto de emigrar duma cultura rural, simples, chamada primitiva, para as grandes cidades industrializadas de culturas complexas." (Gameiro, A., 1984, p. 55).

Actualmente, em tempos caracterizados pelo exponencial desenvolvimento nas ciências das biotecnologias, as quais ameaçam a espécie humana, tal como a concebemos, registam-se fenómenos crescentes de xenofobia, de racismo e o que é mais grave ainda cometem-se guerras em nome dos direitos humanos.

Fluem apenas os fluxos económicos sem restrições, mas os fluxos humanos, ainda são obrigados a deslocarem-se mediante forças repulsivas vs atractivas. Portugal é, hoje, regido por uma democracia representativa, contudo o debate, a porta deixada entreaberta por Karl Popper, em 1943, aquando da publicação da obra: A sociedade aberta e os seus inimigos, persiste. É, portanto, nesta circunstância de aproximação inexorável da globalização que a ignorância e o medo do outro, da figura do Outro cresce. Não reparando, quicá, que a nossa identidade colectiva se formou e se forma precisamente nesse olhar, fitando o outro.

A identidade do eu individual forja-se lentamente mediante as mudanças, as alteridades, introduzidas pelo fluxo da vida: progressiva desvinculação face às figuras cuidadoras, vinculação face aos pares, entrada na vida activa, casamento, divórcio, perda dum ente querido, etc. A identidade: "(...) surge do confronto do ego com a alteridade. A identidade como diz Glissant estende-se à relação ao Outro, que se desenvolve em torno de dois eixos fundamentais. O ego\outro semelhante e o ego\outro diferente. É no confronto com a alteridade que aparece a consciência do que antes era normal, uma evidência, ou seja, da sua relação ao eu-tu–outro semelhante e ao eu-tu–outro diferente." (Lopes, P., 1999, p. 207).

No registo da emigração, a questão da identidade coloca-se, sobretudo, aquando do regresso definitivo a Portugal. Tal fenómeno apenas começou a ser visível, a partir dos anos setenta, após a crise petrolífera e o regresso das ex-colónias. A questão da identidade dos migrantes coloca-se no facto de não ter ocorrido uma integração total, nos países de acolhimento, a qual: "(...) sugere que as minorias se tornem parte de uma comunidade maior, sem perderem completamente a sua identidade." (Pimentel, D., 1992, p. 13). "(...) um grupo social, segundo Durkheim, está integrado na medida em que os seus membros, possuem uma consciência comum, partilhando as mesmas crenças e práticas, estão em interacção uns com os outros." (Boudon, R. et al., 1990, p. 135). Com os emigrantes também não ocorreu uma assimilação total. A assimilação é: "(...) um processo pelo qual um grupo, entrando em contacto com um outro, se mistura com o segundo, chegando muitas vezes ao ponto de se tornar praticamente indistinguível." (Pimentel, D., 1992, p. 12).

A questão é que nem uma nem outra se realizaram. Os portugueses quedam-se talvez entre a aculturação, isto é, a adopção dos padrões culturais da sociedade de acolhimento, sem se verificar uma amalgação, isto é, quando ocorrem em larga escala casamentos mistos. Segundo os nossos dados, os casamentos dos emigrantes de segunda geração com franceses ainda são raros. Os portugueses casam entre si maioritariamente.

Por outro lado, nunca, salvo em raros casos, existirá uma inteira identificação com a cultura portuguesa. A aculturação: "(...) é o conjunto das mudanças que se produzem nos modelos culturais originais, quando grupos de indivíduos de culturas diferentes entram em contacto directo e continuo (...) implica que nenhuma cultura se impõe completamente à outra (...).

R. Bastide (1970) fala de aculturação material quando populações adoptam marcas e modelos de cultura dominante na vida pública, mantendo, no entanto, o seu código cultural de origem no domínio do privado e das relações primárias." (Boudon R. Et al., 1991, p. 12). Parece-nos que a aculturação material é a predominante entre os emigrantes. Seria curioso destacar que a relutância portuguesa face à emigração se enformava no âmbito cultural e social. A vertente económica era exaltada, o trabalhador português era representado como sendo o melhor, numa perspectiva em que o trabalho se afigura um sacrifício e não uma mera actividade. Assim sendo, o trabalhador português era aquele que mais privação passava, que despendia mais esforço, que se sacrificava sem exigir o que quer que fosse. Esta representação social vinda do salazarismo ainda persiste entre nós, assim como a representação social acerca do trabalho persiste em se afigurar como sendo um sacrifício, como se fosse uma pena a cumprir. Nos âmbitos cultural e social uma virtual integração social era afigurada como sendo uma irremediável perda para a mãe-pátria; quase como uma traição. De facto, o padrão relacional de alheamento, inexpressivo aos apelos, do regime autoritário face ao seu próprio povo acabou por conduzir a esta situação.

Num registo psicopatológico o regime ostentava características psicóticas. O regime não só descuidava as suas relações internacionais como botava ao abandono o seu próprio povo. A negação dos problemas e a racionalização delirante – porque distorce a percepção da realidade – cristaliza-se numa utopia, num mecanismo de defesa face a uma ameaça, a um medo profundo de tudo se perder. A partir desta afirmação, poderíamos concluir que o regime não detinha confiança básica e a suficiente auto-estima em si mesmo, o que não lhe permitiu reagir da melhor forma perante as mudanças e as ameaças que o rodeavam.

A identidade do emigrante afigura-se, pois, como sendo difusa, no sentido atribuído por Marcia (1968), ou seja, a sua identidade encontra-se fragmentada em várias, nenhuma delas predominando sobre as outras, como se tratasse do registo poético de Fernando Pessoa, porém carente da sua beleza estética. Este estiolamento encontra-se, pelo contrário, junto do registo de uma psicose social.

Segundo Gonçalves A. (1996), no seu estudo acerca da emigração, em Melgaço, é frequente assistir-se à verbalização seguinte: "Ao partir, perdemos a nacionalidade, lá fora somos estrangeiros e aqui somos franceses." (p. 63). O referido sociólogo aponta para a má imagem das populações residentes face aos emigrantes, afigurando-se como um jogo de espelhos Borgiano, no qual os pecados atribuídos ao emigrante, são o retrato, na nossa opinião, dos próprios defeitos e receios dos residentes.

Segundo Sousa, I. (1996), se as emigrações do Antigo Regime remetiam para o factor religioso e para o enriquecimento rápido, o qual sucedia, por exemplo, com o sonhado el dorado do Brasil, já as migrações para a Europa, nomeadamente, para França, adquirem predominantemente uma conotação repulsiva, de expulsão. Ao passo que a emigração intercontinental se efectuava com núcleos familiares completos, a continental é individual, não permitindo que a família actue como rede social de apoio, como elemento que faculta a confiança básica.

As questões afloradas, ao longo dos últimos dois séculos, perante o fenómeno da emigração permaneceram, em grande parte, inalteradas. Ora vejamos uma carta transcrita por Bernardino Machado ao Ministro dos Negócios Estrangeiros, a 12 de Fevereiro de 1913, no qual aflora a preocupação face à emigração, ou seja, à diáspora física e psíquica: "Pode dizer-se que, nos últimos tempos, os emigrantes se acharam quasi de todo abandonados pelos poderes públicos de Portugal, dentro e fora do paiz. (...). Nem, de facto, se logrou conter a corrente emigratória pelo ónus pecuniário dos passaportes." (Pereira, M., 1985, p. 215). Note-se, conquanto tenham decorrido vários séculos, desde o Antigo Regime, a estrutura, ou a episteme dos discursos, no sentido atribuído por Foucault, M. (1994), permanecem praticamente inalteráveis. A episteme não inclui apenas as práticas e os discursos dos indivíduos ou dos grupos, mas, sobretudo, o seu discurso acerca da sua época, de tal modo, invariantes que se poderá falar de uma estrutura psíquica, social e cultural que a preside, facultando forma e conteúdo a uma determinada época histórica. Ora, acontece que a nossa representação social acerca de Portugal é muito semelhante ao do Antigo Regime. Diz-nos Sousa, I. (1996): "(...) na representação que ainda hoje é mais comum de Portugal do Antigo Regime: um país com uma população pequena (portanto como representação social e simbólica trata-se de um pequeno país), exacerbadamente voltado para o exterior, não resguardando devidamente a sua economia interna, a sua territorialidade metropolitana." (p. 75).

Em Melgaço, segundo Gonçalves, A. (1996), assiste-se actualmente a uma clivagem – difusão – da identidade do emigrante, quer ela seja elaborada pelos residentes, quer pelos próprios emigrantes. Deste modo: "(...) ser emigrante assume-se como uma identidade (...)." (p. 263). Resultando do exposto uma espécie de exogrupo. De facto, observa o autor: "A dinâmica das interacções dos emigrantes em férias aponta para um crescente cantonamento entre si. Enquanto que o convívio com os residentes se retrai." (Idem, p. 266).

As atitudes – as quais poderão ser ou não concordantes com os comportamentos – apontam para uma representação social discriminante dos residentes face aos emigrantes: "(...) no que se refere à classificação social dos emigrantes da sociedade portuguesa, a lógica dos grupos de status suplanta claramente a das classes socioeconómicas (...) atesta-o o predomínio discriminante dos estilos de vida, das artes de ser e de fazer, dos gostos e da cultura." (idem, p. 257).

Relevante seria também levar a cabo um estudo posterior acerca do que os emigrantes pensam sobre a sua condição, se assim fosse este trabalho ganharia maior consistência.

A clivagem, a separação revela-se de tal forma intensa que Gonçalves, A. (1996), acredita na provável existência de lusolândias, devido não só à clivagem entre os emigrantes e a sua terra natal, mas, sobretudo, devido à ruptura cultural face aos residentes actuais de Melgaço. O termo clivagem, em linguagem psicanalítica ou dinâmica remete para os estudos de Melanie Klein e Lacan. Trata-se de uma ruptura referente à estrutura psíquica do indivíduo na sua relação com o outro, conduzindo à psicose. Cremos que tal fenómeno será (se não é já a realidade dominante) inevitável. Eis que aqui se revela a aculturação formal. Esta manifesta-se: "(...) quando as populações em presença modificam as próprias estruturas do seu modo de pensamento e da sua nova cultura, síntese de duas culturas de origem. É a forma de aculturação dos filhos dos imigrantes." (Boudon et al., 1990, p. 12). Este conflito cultural expressa-se, segundo Gameiro, A. (1984), pelo conflito geracional: "Desautorizados pela cultura de fora, os mais velhos sentem-se cada vez mais impotentes para defender as famílias que dia-a-dia mais se sentem rasgadas por conflitos culturais divergentes." (p. 65). Segundo o autor, acima citado, existem três grandes conflitos nas famílias emigrantes: "(...) o conflito de gerações agravado pela imigração em terra estranha. O conflito campo vs cidade, também ele mais aceso devido à grandeza das zonas urbanas que atraem a emigração e à evolução nela atingida. Os conflitos entre cultura de origem e cultura dos países de implantação dos emigrantes." (Idem, p. 86). "São na verdade pessoas biculturadas. Em casa estão sujeitas às normas, valores e tradições dos pais e dos avôs (...) de dia na Alemanha, de noite em Portugal (...). O seu viver é feito da mistura de três culturas: da sua, de muitos fragmentos da dos pais, avós, através de amigos de escola e tempos livres, doutros fragmentos de cultura variadas de outros emigrantes que vivem na mesma zona." (Idem, p. 88). Esta realidade mais do que uma limitação ou uma perda, na nossa opinião, trata-se de algo ganho, do qual poderemos aprender algo de novo. A aculturação é, sobretudo, aprender uma segunda cultura.

Tal como já foi afirmado, aquando da questão da mobilidade social, nomeadamente da questão da casa afrancesada. Seria também interessante inverter o olhar, no magnífico trabalho concebido por Gonçalves, A., isto é, tentar revelar o olhar dos emigrantes debruçado sobre os residentes. Quanto ao olhar do residente sobre o emigrante constata-se que: "Duma forma global, a estima pelos emigrantes baixa quando aumenta a distância social ou a proximidade espacial (...)." (Gonçalves, A., 1996, p. 256).

A mobilidade social efectuada pelos emigrantes assentou essencialmente na acumulação de capital, muitas vezes, a vertente cultural e social estagnaram no tempo. Daí que a identidade do emigrante se ostente folclórica, remetendo para um viver cultural inexistente no Portugal do século XXI.

É importante esclarecer que esta representação coincide com a tida pelos residentes, em Portugal, correspondendo, grosso modo, à imagem colectiva do português emigrado. É folclórica também mediante a aculturação, isto é, através da introdução de elementos da cultura francesa, aquando das férias ou do retorno definitivo. A aculturação referida condiciona social e culturalmente inclusive os residentes. Isto porque, de qualquer modo, a cultura francesa se revela muito mais forte, mais dinâmica, no âmbito duma cultura pós-moderna, ou se encontra num registo mais actual, o qual mais tarde ou mais cedo afectará também Portugal, no âmbito de uma sociedade dita globalizada.

Cabe ainda salientar que, segundo Santos B. (1995), a sociedade portuguesa não detém por inteiro as características de uma sociedade pós-moderna, guardando fortes rasgos da modernidade, os quais são fruto do nosso atraso estrutural. Boudon et al. (1990) definem, deste modo, a mobilidade social: "A expressão designa a circulação dos indivíduos entre as categorias ou classes sociais. Há dois tipos de mobilidade. A mobilidade intrageracional é a passagem dos indivíduos de uma categoria para outra durante a mesma geração (...). A mobilidade intergeracional é a circulação de um indivíduo, grupo social que pertence à sua família (...) para um outro grupo (...). Esta mudança das estruturas dá origem a uma mobilidade estrutural forçada, que pode ser, por exemplo, o resultado do êxodo rural." (p. 93). Julgamos que os emigrantes encontraram várias pátrias madrastas, a do seu país de origem, num primeiro momento, e no país de acolhimento, o qual se ostentou repulsivo.

O emigrante e o contrabandista formaram as suas identidades num registo psicótico, do duplo vinculo, o qual oscila entre o apelo à relação simbiótica e a separação, em simultâneo. Segundo Grinberg, L. & Grinberg, R. (1998), o duplo vinculo é uma comunicação disfarçada com metamensagens incongruentes. Trata-se da exigência de responder a uma situação paradoxal, na qual ambos os comportamentos exigidos são incompatíveis. Por exemplo, no período Salazarista exigia-se firmeza de personalidade conforme o determinado pela utopia, a qual implicava uma comunicação de apego do indivíduo face ao regime, mas, por outro lado, essa personalidade deveria forjar-se na obediência absoluta, não podendo, pois, o indivíduo desenvolver-se como pessoa, o que resulta numa comunicação disfuncional. Segundo Roudinesco, E. & Plon, M. (2000): "O termo foi inventado por Gregory Bateson, em 1956, para designar o dilema (impasse duplo, coerção dupla ou duplo vínculo) em que fica encerrado o sujeito afecto pela esquizofrenia, quando não consegue dar uma resposta coerente a duas ordens de mensagens contraditórias e emitidas simultaneamente (...). A coerção vinda de fora do sujeito, portanto este não sabe decifrar a mensagem que lhe é dirigida." (p. 87). A noção do duplo vínculo, de origem dinâmica, detém o seu correlato no cognitivismo mediante a noção de dissonância cognitiva, introduzida pelo psicólogo social L. Festinger (1919-1989).

A dissonância cognitiva, segundo Festinger: "(...) designa uma contradição entre dois elementos cognitivos presentes no campo de representação de um indivíduo, tendendo a resolver a fonte de dissonância porque esta é a fonte de mal-estar." (Boudon, R. et al., 1990, p. 78).

O retorno assume formas como que teológicas. Trata-se do retorno à terra prometida; mas trata-se dum retorno imaginário porque essa terra prometida nunca existiu, senão que repeliu. Será, então, a saudade dum tempo que nunca existiu, meramente imaginário, e uma saudade dum futuro, dum presente – no caso daquele que retorna – que possivelmente não se concretizará. Segundo Eduardo Lourenço, no seu Labirinto da Saudade, a identidade portuguesa não é mais do que um mito, pois nunca se concretizou, revelando a pouca propensão portuguesa para investir na realidade. No período Salazarista, o pecado aflorava apenas porque os indivíduos tinham nascido em Portugal. Apenas porque nasceram neste mundo, onde ninguém os aguardada, numa zona periférica. Este mal-estar fundou a representação do paraíso que a terra natal representa. No sentido atribuído por Bion, trata-se do retorno, do regresso à mãe protectora (a qual se comportou como uma madrasta má), à inocência do recolhimento natal, isto porque no continente, na fronteira que lhe conferia forma, tudo se perdeu. Neste registo, o emigrante vive um autêntico processo de luto, preso a uma identidade difusa, a um conteúdo que lhe escapa por inteiro. Desfeita a identidade intercontinental, o país vê-se reduzido ao seu espaço europeu. Do abandono e do desconhecimento face à nova realidade da terra natal, dá-nos conta Fernando Namora: "Regressa depois de um desterro de dez anos, mas sabia exactamente, como ontem, como sempre, que as pessoas que encontraria no largo dos plátanos, na farmácia, em cada mesa do clube, ou então nos grupos familiares, da gente grada, que repetia diariamente, como um ritual inviolável, aqueles lentos passeios desde a grande faia do cruzamento das estradas até ao palácio do comendador (...). O homem guardara-os consigo, desesperadamente, como um escudo contra os ambientes estrangeiros que suportara durante esses anos (...). Dez anos a imaginar com volúpia, a alegria comprometida dos amigos, o espanto dos primeiros dias. Entraria no café, embaçado, disfarçando a voz:

- Serve a dose, Chico?

- Qual dose? – Como se pergunta a um desconhecido que pretende fazer-se engraçado.

- Já te esqueceste?... – E descobriria então o rosto ansioso.

- Olha, olha...quem ele é, gente! É o Sr. Alípio! É ele... ele mesmo.

Voltaria a ser ele próprio, despido, espontâneo, farto como uma cobra ao sol, desfeitos os sarros de desconfiança e ressentimento que os ambientes estrangeiros lhe haviam imposto. Que acontecera na vila nesses dez anos? O tempo ultrapassara-o. A vila era já outra e afinal tão estranha, tão hostil, tão esquiva com as terras estrangeiras que ele consentira que o tivessem possuído." (1981b, pp. 191-197).

Esta ficção do médico e romancista Fernando Namora espelha na perfeição o atrás abordado apenas ao de leve. A narrativa foi publicada no ano de 1981, ano conturbado, em Portugal. Poderá parecer longínqua, fora do tempo e do lugar, mas fala-nos da alma, de um corpo perdido, agarrado a um carro avariado. Próximo da terra natal, onde tudo deveria ser e parecer perfeito. No entanto, o Sr. Alípio queda-se pelas proximidades, mais uma vez pelas fronteiras da vila. O passado tendo sido já aparentemente ultrapassado, mas a avaria da máquina, do automóvel, remete-o para o presente, no qual a sua memória, a sua identidade parece difusa, confusa; avariada também: "A contracorrente dos esforços políticos (...) parece acentuar-se, nos últimos anos, uma inequívoca tendência para o afrouxamento dos vínculos que prendem os emigrantes à terra-mãe." (Gonçalves, A., 1996, p. 261).

Cabe-nos perguntar, num país (Portugal) em que o fenómeno associativo é escasso. Será que foram gastos os esforços suficientes para com as comunidades portuguesas e as suas respectivas associações? Para Leandro M. (1993), as associações portuguesas, actualmente, não se ajustam à nova realidade, até porque foram criadas, na sua maioria, após o ano de 1974. Para cativarem os jovens terão que se virar para o futuro: "(...) convém lembrar que os jovens portugueses nascidos nesta região aderem cada vez menos a este movimento, considerando-o ultrapassado, como algo para colmatar a saudade dos pais em relação a Portugal." (p. 353). É curioso notar que a atribuição causal para os problemas que afligem os portugueses é mormente remetida para fora, é sempre exterior a nós. Ora vejamos, num artigo publicado em A Voz de Melgaço, de 1 de Outubro de 1966, culpabilizava-se o povo por falta de bairrismo, quando se tratava de desenvolver a terra natal: "Fontes e luz eléctrica ou como o individualismo pode estragar tudo. (...). O certo é que alguns lugares ainda não se decidiram pela escolha definitiva da água e do seu uso que correm o risco de ficar sem nada (...). A falta de bairrismo é o pior mal de algumas das nossas freguesias. Castro Laboreiro, Passos e Cristóvão aderiram ao dinheiro oferecido por Lisboa (2 000 contos), o restante dinheiro regressaria à capital." É deste último facto que o autor anónimo do artigo se lamenta verdadeiramente. É curioso este discurso num país, na verdade, com uma economia fortemente centralizada, como a de então, mas, quiçá, sem qualquer planeamento racional. Deste modo, o dinheiro era oferecido, como se fosse uma dádiva, a qual apenas deveria ser gasta, para não regressar aos cofres do Estado ou ir parar a outra terra. O condenado individualismo também afectava, afinal, o próprio jornalista, mas desta feita no âmbito nacional. Também é curioso notar que o mesmo discurso preside, hoje, ao discurso regionalista e aos fundos europeus.

Será a culpa do não retorno ao paraíso perdido, daqueles que efectivamente detêm o poder, ou seja, daqueles que detêm a capacidade da mudança, isto é, dos políticos? A tendência para externalizar a culpa não convida a uma mobilização de esforços no sentido de dar resolução aos problemas.

Como já foi visto, a emigração, ao longo dos séculos, raramente foi legal, mesmo quando existiam fortes pressões demográficas. A incoerência dum Portugal vertido para o Atlântico, tanto em termos económicos como culturais e, contudo, avesso à legalização da emigração demonstra a insensibilidade e a inércia das autoridades, como se elas não detivessem efectivamente o poder, como se alguma força oculta não lhes permitisse alterar o rumo das coisas.

Será também curioso, no âmbito do discurso político, constatar que o discurso se mantém como que inalterado, ao longo de quase um século. O seguinte extracto de Laranjeira A., retirado da revista Prelo, pertence ao pensamento político, de fins do século XIX e princípios do século XX, levou o escritor espanhol Miguel De Unamuno a descrever o povo português de suicida: "O mal da sociedade portuguesa é apenas este: a desagregação da personalidade colectiva, o sentimento de interesse nacional abafado na confusão caótica dos sentimentos, de interesse individual. Em Portugal, não existe egoísmo da nação vencendo e disciplinando o egoísmo de cada português. A nossa política, economia e moral não tem sido senão uma série lastimosa de actos de egoísmo individual, impondo-se o despotismo ao egoísmo colectivo, ao interesse da nação e subjugando-a. É como se no organismo de um homem, todos os elementos celulares que o constituem perdessem o instinto de conservação total ou o sacrificassem ao instinto de conservação elementar. O mal, na verdade, é profundo. E de facto o povo português tem amargas razões, razões de sobra, para ser pessimista. (...). Em Portugal, só uma parte mínima do esforço empregado redunda em trabalho utilizado. O resto é integralmente esforço desperdiçado. Como querer, pois, que haja amor ao trabalho (...)." (Laranjeira A., 1987, p. 40). Ainda segundo Pires, A. (1987): "O pessimismo da geração de 70, por exemplo, ficou bem demostrado nas célebres conferências do Casino, de 27 de Maio de 1871. Antero disserta mesmo sobre "as causas de decadência dos povos Peninsulares". (...) E nos princípios do século XX, no liberalismo, Portugal é, para Oliveira Martins, "o enfermo do ocidente". Uma visão agónica e pessimista com lampejos de Sebastianismo (...)." (p. 13). Os discursos literários e políticos dos intelectuais portugueses no século XIX raramente eram optimistas. O registo optimista verte-se para a fantasia imaginária do Sebastianismo. Daí que Unamuno detivesse razão, pois, os homens de génio portugueses eram remetidos para a depressão e para o suicídio. O discurso optimista nem com a implementação da república surgiu. Apenas o movimento Futurista – o qual encontra a sua base de apoio no fascismo Italiano – se furtou à saudade de algo que nunca existiu, as saudades do futuro como dizia Fernando Pessoa, pois o presente nada tinha de arrebatador. Podemos concluir que a alma ou a consciência colectiva portuguesa é intrinsecamente pessimista. Contudo, por vezes, em curtos períodos de tempo, a depressão dá lugar à mania. A vertente depressiva, depreciativa, já foi sobejamente descrita. O registo maníaco aparece em períodos de vacas gordas.

Neste caso, o discurso incha de orgulho nacional, de projectos desmesurados, desfasados da realidade nacional, como se fosse um balão que de tanto inchar acaba por rebentar, caindo, de novo, na prostração depressiva. Note-se no caso da exposição do mundo português, em 1940. Factos são factos, actos são actos, tempos são tempos: "(...) o advento de novos tempos em que o apego à terra não se impõe como um (mito) é um dado adquirido." (Gonçalves, A., 1996, p. 262). O alheamento face à terra natal é uma realidade incontornável, sobretudo, no que diz respeito aos emigrantes de segunda e terceira geração.

Mas esse alheamento da coisa pública não é uma das características que confere forma a Portugal, por exemplo, ao Portugal do corporativismo pós-moderno? Deverá procurar-se responsabilidades para tal situação? Na realidade, em parte, ficamos com a sensação que pouco ou nada foi verdadeiramente levado a cabo, mesmo após a entrada na União Europeia. Contudo, por outro lado, também acreditamos no contrário, até porque este próprio estudo se encontra imbuído desse imaginário, de um retorno ao paraíso perdido, do apego desmesurado ao vínculo inexistente, num processo de luto patológico, não aceitando o decorrer inexorável do tempo. Do tempo que se desvanece em muitos outros tempos: "Estamos divididos, fragmentados, sabemo-nos no caminho mas não exactamente onde estamos na jornada. A condição epistemológica da ciência repercute-se na condição existencial dos cientistas. Afinal, se todo o conhecimento é auto-conhecimento, mas também todo o desconhecimento é auto-desconhecimento." (Santos, B., 1995, p. 58).

Não será a culpa – neste processo quase paranóico de externalizar os nossos próprios medos, a nossa própria culpa – dos pais emigrantes? Culpabilizar, por inteiro, a socialização primária (enculturação) fornecida pelas figuras cuidadoras parece-nos demasiado fácil. Sobretudo, vindo de uma sociedade cuja socialização se encontra olvidada e até, por vezes, descurada e desprezada.

Segundo Bowlby, J. (1985), a não assunção da perda, o não adquirir novos objectos de ardor, resulta num processo de luto patológico. Diagnosticamos o mal-estar que nos aflige, o qual, por vezes, radica em razões do âmbito socioeconómico. Preferimos, no entanto, vestir a máscara, no desfasamento entre a acção e o conhecimento, entre o sentir e o agir. Da relação consigo mesmo e com o outro surge a aprendizagem; a mudança. A não assunção poderá resultar no cinismo e no desespero, já expresso pelo romancista Fernando Namora, em 1981: "Na terriola onde nasceu, apartada do mundo mas centro, do seu mundo, terriola que o viu pé-descalço, o emigrante um dia abalou e, depois, de comer urtigas, pôde regressar de bolsa engordada e com o desejo de afirmar a sua nova personalidade de um modo que se grave na memória curta dos homens, é tentado por duas ou três soluções de raiz: a reconstrução da Igreja (...), uma nova escola (...), um hospital. (...).

E é por isso que, nesta pátria de provincianos que se semeiam pelos cinco continentes e as mais das vezes recolhem ao berço tão provincianos como quando partiram, se foram multiplicando as Igrejas novas ou restauradas na mais desajustada arquitectura que se possa imaginar, ao sabor do capricho ou da ingénua perspectiva de grandeza de quem abonou a iniciativa, se foram multiplicando as escolas sem condições funcionais, até que as autoridades responsáveis tomaram as rédeas na mão e foram proliferando os hospitais, edifícios mortos ou em agonia, desde que nasceram, apenas fachada (...), à margem de qualquer plano coerente e das realidades médico-sociais dos povoados onde os edificaram." (Namora, F., 1981 a, pp. 193-194).

Eis que o nu se desnuda, não desejando mais procurar o bode expiatório. A episteme destes discursos a todos nos pertence. Assim deveria ser, no sentido da mudança, da aprendizagem que a saudade e a culpabilização toldam: "No caso português, a emigração tem servido de bode-expiatório para muitas das deficiências e problemas da sociedade. Embora seja certo que nenhum país se regenera facilmente, depois de uma tão grande hemorragia que pôs em causa as estruturas políticas, sociais e económicas, não restam dúvidas que, sem emigração, estaríamos todos pior: nível de vida baixo, maior afastamento face à média da CE." (Pimentel, D., 1991, p. 97). "Por outro lado, não há dúvidas de que as condições em que a emigração decorre determinam o tipo de angústias que predominantemente se mobilizam, assim como a sua intensidade, as defesas que se constróem contra elas e as possibilidade de sua elaboração. (...) São diferentes nos seus conteúdos os lutos que se têm de realizar por um país que se perdeu em consequência de perseguições, com o consequente aumento de angústias paranóicas dos lutos por abandono voluntário, podendo neste caso ser predominante a culpa e a angústia depressiva. É infinita a quantidade de factores e situações que, em cada caso, podem configurar diferentes fantasias inconscientes, tanto em relação com o próprio país, perdido ou abandonado, de forma definitiva ou temporária, como com o outro país, ameaçador ou sedutor, perseguidor ou idealizado." (Grinberg, L. & Grinberg, R., 1998, p. 134). Dizia-nos Kaufmam (1987) que, segundo Freud, a cultura nasceu quando os filhos decidiram matar furiosamente o pai simbólico, a socialização ancestral. O pai foi assassinado, aflorando, mediante o elo da irmandade que a culpa constitui, a cultura. Deste modo, novas interacções sociais emergem, uma nova organização social se forma. A morte, o assassínio, a perda do pai, da velha ordem, não foi recalcada, remetida para o agónico esquecimento, senão que se ergueu na forma de novos conteúdos culturais.

A reflexão acerca da identidade afigura-se como sendo essencial para qualquer estudo, que se debruce sobre a realidade social e humana, a tal ponto que: "Nenhuma investigação social interpretativa, partindo do princípio da reflexividade da acção humana parece dispensar a dimensão da identidade." (Silva, A., 1996, p. 32).

Os movimentos emigratórios são uma constante da realidade portuguesa, desde há 500 anos. Segundo Serrão, J. (cit. in Lopes, P., 1999), entre 1500 e 1580 emigraram 280 000 portugueses. Entre 1580 e 1640 abandonaram o país 300 000 indivíduos. No período entre 1640 e 1750 terão emigrado 1 200 000 indivíduos. Por último, entre 1700 e 1760, 650 000. Apesar da emigração constituir uma constante estruturante do ser-se português, é curioso notar-se que a emigração sempre foi vivida como uma perda. De início, na emigração transcontinental, pelo seu carácter definitivo, era vivida como um autêntico luto. No século XX, com a emigração continental, apesar da maior proximidade geográfica e da possibilidade de comunicação à distância, a emigração continua a ser vivida como uma perda, agora, vertida sobre o registo cultural e identitário: "A emigração transoceânica não comportava a sequência do regresso, quer na situação colonial quer na pós-colonial. Estava profundamente marcada pela irreversabilidade, tanto nos seus protagonistas como nas sociedades de origem e destino. A primeira sequência da trajectória nascia e era vivida tanto pelo migrante como pela comunidade de origem numa verdadeira e simbólica morte social. Para o migrante, a expatriação surgia do dilema: emigrar ou morrer. Esta morte era ritualizada, no momento da partida, nas despedidas à família, aos amigos e à comunidade. Estes rituais eram normalmente celebrados durante a noite, e, por vezes, com autênticas procissões de acompanhamento até ao limite do território da aldeia, como choros e outras expressões emotivas fortes geradas pelo sentimento de separação e de perda definitiva daqueles membros da comunidade." (Idem, p. 73).

Melgaço configura-se como um lugar de limiar, quer pelo seu carácter rural, quer pela sua disposição espacial, uma vez que se encontra virada para fora do centro. A exclusão social desenvolve-se não apenas na distinção espacial centro vs periferia, na qual as classes sociais mais ricas ocupariam a área central e as classes com menores recursos financeiros, a periferia, mas antes no âmbito simbólico, ou seja, no âmbito das trocas sociais existentes e dos valores que conferem forma e conteúdo a uma determinada sociedade e, na determinação espacial interior vs exterior, no âmbito da dissolução do vínculo social.

Podemos, então, falar da nostalgia da consciência colectiva que refere Durkheim. Apenas, agora, em pleno estado de anomia social, nos apercebemos da necessidade d uma consciência colectiva, duma identidade que fortaleça a coesão social. A divisão do trabalho conduziu-nos a esta situação, do mesmo modo que a especialização dos cursos superiores conduziu a uma super especialização dos saberes, remetendo-nos para um estado intelectual, no qual não logramos compreender o que se passa em nosso redor. "Uma tal unidade é evidentemente impossível no quadro actual onde miríades de conhecimentos pululam." (Morin, E., 1995, p. 74).

Os estigmatizados, segundo Goffman (cit. in Xiberras, M., 1996), têm tendência para se reunir sob a forma de pequenos grupos sociais, acabando, por vezes, por constituir uma comunidade. O grupo estigmatizado, mediante as práticas e os discursos do dia-a-dia, culmina por constituir uma identidade peculiar.

Numa perspectiva mais vasta, apesar de na sociedade actual predominar a anomia, consequência da perda da consciência colectiva, os indivíduos e os grupos dispersos reorganizam-se em novos grupos, conquanto que em muitos deles se encontre subjacente o estigma social, o qual continua a excluir, pois o grupo estigmatizado não logra estabelecer laços de solidariedade com o exterior. Uma vez que ambos os grupos não estabelecem laços sociais assentes na solidariedade orgânica com o exterior, a fragmentação persiste. A sociedade tem tendência para considerar os seus excluídos como responsáveis pela sua própria exclusão. Os excluídos tendem a fazer o contrário, estabelecendo-se o corte do vínculo simbólico, tal como, no registo da psicologia social, Moscovice, o tem vindo a estudar. A dissolução do vínculo social permanece igualmente portadora da ausência da relação social, mas pode, também proporcionar o nascimento de novas formas de sobrevivência ou inovação.

Na pós-modernidade, a anomia é percepcionada não apenas como forma de vazio social, mas também como um modo de fermento social, de recomposição virtual. A sociedade afigura-se sobretudo como sendo: " (...) uma rede estrutural de relações sociais que contextualiza a acção social." (Silva, A., 1996, p. 33). As diferentes trocas sociais e as consequentes redes sociais estabelecidas entre os indivíduos enformam e contextualizam a acção social, conferindo forma às percepções e às identidades sociais. Remetendo-se para o âmbito restrito da psicopatologia, embora referindo-se à emigração, diz-nos Gameiro, A.: "Os desadaptados e alguns doentes mentais, por exemplo, podem adoptar comportamentos inovadores até se tornarem estranhos para as pessoas da sua cultura. Criaram como que uma cultura pessoal, privada, língua e comportamentos, ficando impedidos de a comunicar a outros. Por isso, são considerados estranhos, alienados." (p. 47). Para Mary Douglas (cit in. Xiberra, M., 1996), as pessoas tendem a associar-se segundo dois critérios predominantes: a confiança recíproca e o lucro individual da associação. Mediante as interacções sociais constantes e perduráveis no tempo, os indivíduos acabam por definir novas categorias de pensamento, as quais moldam a percepção da realidade envolvente. Trata-se, em última instância, dum processo cognitivo: "O processo cognitivo molda, assim, todas as consciências individuais. Numa mesma forma e constrói, a priori, um acordo sobre todas as categorias de base da percepção (tempo/espaço/causalidade)." (Xiberras, M., 1996, p. 173).

No âmbito da Psicologia Social, Vala J. (1996) afirma que a identidade aflora através da conjugação de dois fenómenos, isto é, a comparação social e a categorização: "A identificação de um objecto seja ele o eu ou o outro objecto, faz-se através da comparação entre esse objecto e outros objectos. Distinguir supõe comparar e o produto de uma comparação é um inventário de semelhanças e de diferenças." (p. 25).

A categorizarão é, aqui, entendida como um conjunto de regras que permitem identificar um objecto comparando-o com os objectos já identificados. Do mesmo modo que distinguir pressupõem comparar. A alteridade comporta em si a identidade, até porque a exclusão tende a aglomerar os indivíduos em novas formas de coesão social. Tayfel (cit. in Amâncio, L., 1993) estabelece uma ligação entre a categorização social e a identidade social. Uma vez que está associada ao conhecimento de pertença, evocado pela categorização, o significado emocional e avaliativo que resulta dessa pertença exprimir-se-ia no favoritismo pelo próprio grupo, em detrimento de outro grupo. Contudo, Tayfel considerava que os grupos sociais apenas poderão contribuir para uma identidade social positiva dos seus membros, na medida em que se distinguissem positivamente dos demais grupos, o que não sucede em Melgaço, onde a representação social do grupo é negativa, não favorecendo o desenvolvimento de estratégias de mudança. A representação que os emigrantes e os residentes têm de si próprios é negativa: "É a relação entre uma pertença grupal socialmente saliente e as crenças que os membros do grupo têm sobre as características do sistema social em que estão inseridas, e da legitimidade ou ilegalidade da posição social do seu grupo, que permite predizer o tipo de estratégias, individuais ou colectivas, que os membros do grupo desenvolverão para mudar a sua situação e que se traduzirão, no primeiro caso, em formas de mobilidade psicológica." (Amâncio, L., 1993, p. 297). Aflora, deste modo, a necessidade de encarar a sociedade, de novo, como um todo. Morin propõe para tal a conceptualização de um pensamento complexo. Diz-nos Xiberras: "E quando a densidade social aumenta, a heterogeneidade moral ganha terreno: rompidas as relações primárias (fim das clivagens de castas, complexicação da estrutura de classe), os indivíduos adquirem estatutos flutuantes no seio dos grupos diferenciados." (Xiberras, M., 1996, p. 111). É perante esta necessidade duma perspectiva mais holística que aflora a perspectiva pós-moderna. A partir do já referido interaccionismo simbólico, o desvio começou a ser sondado segundo dois olhares distintos. O das pessoas ditas normais, ou seja, o olhar daqueles que não divergem das expectativas normativas dominantes, os quais, por seu turno, estigmatizam o indivíduo desviante através duma reacção de defesa, a qual resulta na exclusão. E o olhar do estigmatizado, o qual é remetido para fora da comunidade dita normal, conduzindo-o para o grupo dos excluídos, os quais têm práticas e discursos peculiares.

Actualmente, os novos contextos de vida, que se encontram em constante mudança, a velocidade a que os acontecimentos e as informações se sucedem dificultam o estabelecimento duma identidade coesa e uniforme, uma vez que as representações sobre o próprio eu e sobre os outros se sucedem rapidamente. O problema reside, então, na gestão da experiência na diversidade das expressões do eu. De qualquer modo, cabe-nos salientar que a identidade não é apenas uma entidade intrapsíquica, mas antes e sobretudo interpessoal.

Eis que aqui entra em cena a psicologia comunitária. Nesta, o interesse também se deslocou dos factos meramente individuais para os socioeconómicos e culturais, do modelo intrapsíquico passa-se para um modelo relacional, humanista e sócio-ambiental. A psicologia comunitária pretende criar espaços relacionais que vinculam os indivíduos a territórios físicos e culturais. A psicologia comunitária nasceu em Boston, em 1965, após a aprovação da lei Kennedy; "Communitary Mental Health". Actualmente, contrapõe-se ao individualismo dominante, pretendendo combater a anomia social. A comunidade é passível de ser definida, segundo Francescato (cit. in Prates, F., 2000), como sendo aquele tipo de ambiente, de campo psicológico e social, no interior do qual somos capazes de desenvolver um sentido de pertença, uma vivência de mútua partilha. No estudo da comunidade é necessário ter em consideração três factores; o espacial, as características sociológicas e a unidade psicológica entre os seus membros. Ou seja, para que se possa falar em comunidade é necessário um espaço, um ambiente e um território onde coexistam os mesmos indivíduos e grupos, com uma identidade psico-sócio-espacial mínima. Ora, a região raiana enquadra-se perfeitamente no quadro descrito acima, até porque foi vítima de segregação social, ao longo dos séculos, o que implica que os seus habitantes são por natureza um grupo natural: "Neste sentido trata-se de uma identidade colectiva, não só porque se inscreve nas representações simbólicas partilhadas por um conjunto de indivíduos, mas especificamente na medida em que se reporta a algo que, nos padrões culturais, prevalecentes entre eles, é representado como uma entidade colectiva singular." (Costa, A., 1999, p. 110). A realidade espacial enformou a identidade melgacense. O isolamento a que se encontrava botado o regime Salazarista fez com que a identidade melgacense se construísse na relação de desconfiança (mas também de esperança) com a sua fronteira que conferiu forma à identidade, às relações sociais estabelecidas, quer através do contrabando, quer mediante a emigração. As relações interpessoais forjadas, ao longo de décadas, permitiram a internalização deste espaço identitário fronteiriço. Actualmente, é mais uma vez esse espaço de fronteira que nos confere alento. Contudo, desta feita, esse espaço encontra-se aberto ao Outro. As relações fronteiriças, entre o Norte de Portugal e a vizinha Galiza, afiguram-se como um espaço privilegiado de desenvolvimento económico, social e cultural, no âmbito da União Europeia.

O espaço raiano, outrora, remetido para a periferia como um lugar de desconfiança – porque de transição – entre ambos os países ibéricos, localiza-se, hoje, no centro desta nova relação, constituindo-se como uma ponte, por onde fluem não a desconfiança, mas a identidade comum e a esperança.

Quando nos encontrávamos exclusivamente voltados para o Atlântico, não detínhamos nas nossas relações a noção do Outro como sendo um igual, do vizinho, daquele que mora ao lado da nossa casa, do nosso ser, ocupando o mesmo espaço.

Hoje, a identidade constroí-se precisamente no confronto com a figura do Outro. É a partir da relação com o Outro que aflora a nossa identidade, do mesmo modo que é impossível comparar sem distinguir ou vice-versa. Dum padrão relacional excluente e psicótico passa-se para um incluente, aberto e que se deseja holístico. A configuração espacial neste sentido também confere unidade psicológica aos membros do grupo de pertença: "Porque a percepção do espaço se efectiva progressivamente numa lenta aprendizagem esta não se desenha numa sociedade neutra. Através da família, da escola, do meio social, a criança, em seguida adolescente e o homem formam do espaço uma imagem condicionada (...)." (Fremont, A., 1980, p. 44).

A fronteira foi um 'não-espaço', vivia no limiar do organismo que Portugal era. Na representação mental do império, o terreiro do Paço ocupava o lugar do sagrado, da luz, das manifestações de patriotismo, ao passo que os seus limites eram o lugar do profano, do obscuro, no mundo do desconhecido, do não pátrio, é um lugar onde a confiança, a força nos abandona, iniciando-se a desconfiança e o desprezo. A fronteira não é aqui percebida apenas de modo espacial, mas como representação psíquica. Pense-se, por exemplo, no gigante Adamastor, o qual representava uma fronteira, uma metáfora (real e mortífera) do obstáculo espacial e psíquico dos descobrimentos.

Do espaço de Melgaço a Timor, vertido para fora, passa-se apenas para o espaço confinado ao Portugal europeu. Os raianos adquirem assim a percepção de que para além deles existe o vizinho. Quando Portugal se volta para a Europa integrando-se num todo maior, a percepção espacial passa a integrar também o vizinho; a fronteira dissipa-se. Em termos atitudinais a indiferença e a desconfiança dão lugar à cooperação. O eixo atlântico constitui-se não apenas como um lugar de trocas económicas, mas também sociais e culturais, enfim, como um espaço vivido em comum: "De uma maneira geral a região apresenta-se como um lugar médio, menos extensa do que a nação ou o grande espaço de civilização, mais vasto do que o espaço social de um grupo e a fortiori de um lugar. Integra lugares vividos e espaços sociais com um mínimo de coerência e de especificidade que fazem dela um conjunto com uma estrutura própria (a combinação regional).

A região é menos nitidamente conhecida e percepcionada do que os lugares do quotidiano por os espaços sociais de familiariedade, na organização do espaço – tempo vivido, constituem um invólucro essencial antes do acesso a entidades muito mais abstractas, muito mais desconcertantes em relação ao hábito (...).

Seria a região o espaço que podemos visitar sem nos sentirmos incomodados, um conjunto-regulação (...)."(Idem, p. 167). Do espaço unidimensional e planetário característico da globalização (movimento iniciado pelos portugueses) passa-se para um espaço multifacetado, prenhe de múltiplas identidades.

Num trabalho de campo levado a cabo por Costa, A. (1999), no bairro de Alfama, em Lisboa, a dimensão identitária revelou-se fundamental: "(...) A dimensão identitária revelou-se crucial no processo e é nessa óptica que é aqui privilegiadamente analisada." (p. 417). "As intervenções necessárias junto das comunidades de emigrantes para preservar os conteúdos duma cultura que muda, até outra fazer parte da sua identidade, chamamos com razão prevenção da saúde comunitária ou tratamento cultural." (Gameiro, A., 1984, p. 110). Como já foi afirmado, para integrar a figura do Outro será necessário uma perspectiva mais holística, a qual se insere no pensamento complexo concebido por Morin, E. (1995), o qual implica: "(...) uma extrema quantidade de interacções e de interferências entre um número muito grande de unidades (...), compreende também incertezas, indeterminações, fenómenos aleatórios. A complexidade num sentido tem sempre contacto com o acaso." (p. 51). "Pode dizer-se que é o complexo que releva, por um lado, do mundo empírico, da incerteza, da incapacidade de estar seguro de tudo, de formular uma lei, de conceber uma ordem absoluta." (Idem, p. 99). O ser humano é considerado, segundo o modelo do homem complexo, numa perspectiva bio-psico-sócio-antropológica. A ciência tornou-se em Fuzzy, ou seja, desfocada, imprecisa, segundo Moles, A. (1995). Tal não é visto, contudo como uma dificuldade, senão como uma vantagem. Uma das conquistas no estudo do cérebro humano consiste em compreender que uma das suas superioridades sobre o computador é poder trabalhar com o difuso, com o vago. Até porque, como explica Damásio, A. (2000), o conhecimento, a racionalidade, necessita para se comportar como tal, das emoções, da afectividade. Apenas os organismos vivos se encontram abertos ao meio, trocando com ele matéria e energia. Por mais inteligente que seja um computador será sempre dirigido por um programa. Inclusivamente se esse programa for capaz de produzir outros programas, continuará a ser uma realidade virtual, pois não se encontra em contacto com o meio ambiente. É a necessidade de adaptação ao meio que mobiliza o ser humano. É a partir dessa necessidade que forja estratégias, visando resolver os problemas. E é também nesse movimento de vida para fora que se torna cada vez mais complexo.

Melgaço é, precisamente, um lugar de fronteira, lugar de passagem, aberto, apesar dos esforços para o fechar. É neste sentido que a identidade de fronteira se afigura como um lugar privilegiado de troca, de adaptação, revelando-se não fechado, senão que extremamente relacional, voltado para fora e aberto. Não é apenas a cultura que funda a identidade, mas antes o próprio relacionamento humano.

A desconfiança face à cultura como forma de organização mais complexa é assumida pelo pensador Steiner, G. (1992). Segundo este, a pátria de Mozart, de Kant, de Hegel, de Heidegger e de Eistein produziu a cultura erudita, longe da cultura de massas, contudo essa mesma cultura encontra-se na origem do holocausto Nazi, acabando com o velho humanismo iluminista.

A complexidade não é uma receita para conhecer o inesperado, mas torna-nos mais prudentes e atentos. Perante a complexidade aparece uma atitude de flexibilidade face às contingências que toda a acção humana pressupõe, reconhecendo à partida que o conhecimento e a acção perfeitas são impraticáveis. No entanto, apesar de se rejeitar, à partida, uma perspectiva simplista, na pretensão de ser holística, o nosso sentido orientador sempre foi o de não se poder isolar os problemas duma comunidade.

Morin (1995) alerta-nos ainda para a existência duma causalidade recursiva, para além da linear e retroactiva, na qual os efeitos e os produtos são necessários ao processo que os gera. O produto é produtor daquilo que o produz, isto é, a exclusão poderá ser produtora daquilo que a produz, caso não se tenha em consideração a complexidade da realidade. É como se a própria exclusão se transformasse no espelho da sociedade, a qual através dum jogo de espelhos Borgiano, poderá aceder a uma forma, a uma organização social mais racional: "(...) a marginalidade actua sempre como função – espelho da sociedade. Com efeito, para cada tomada de posição respeitante ela revela a sociedade porque permite que esta aprenda na relação que mantém com os excluídos." (Xiberras, M., p. 149). Não bastará conceber apenas novos planos de desenvolvimento, convém integrá-los numa perspectiva social, económica, psicológica, etc. A inserção social, segundo J. M. Bahagei (cit. in Xiberras, M., 1996), envolve não apenas o indivíduo excluído, mas também todo o tecido social, caso contrário toda a sociedade tenderá para a anomia, devido à dilaceração do tecido social. Ambos, excluídos e sociedade, são actores sociais. Em termos políticos e sociais o olhar do Outro passa por integrar todos os responsáveis pelo próprio processo social. Em termos estruturais, no que diz respeito às macro-políticas de longo prazo: "Da mesma forma que a concorrência económica não pode funcionar sem quadro político e jurídico, uma sociedade democrática não pode permitir, sem se negar a si própria, o crescimento indefinido das desigualdades em matéria de nível de vida, de saúde, de educação e de urbanismo. A sagração do mercado não apela à reabilitação do estado, produtor, mas às necessidades do estado regulador e antecipador, é preciso deixar de pensar o mercado contra o estado, se recusarmos a ideia de que a procura da satisfação dos interesses pessoais imediatos sacrifica a construção do futuro." (Lipovestsky, G., 1994, p. 219). Diz-nos Lipovestsky (1994) que existem duas tendências no individualismo contemporâneo, assim como há dois modelos antagónicos de capitalismo, de um lado, um individualismo responsável e organizador, do outro, um individualismo auto-suficiente, desorganizador e irresponsável:

"(...) Durhkeim define o individualismo como o resultado das formas que a solidariedade assume na divisão do trabalho. Esta constitui os homens em individualidades diferenciadas que desempenham tarefas específicas e realizam uma vocação. A coesão interna que resulta da complementaridade das funções gera um novo tipo de valores à volta da noção de pessoa.

A patologia deste indivíduo é a anomia, quando a consciência colectiva se enfraquece e deixa de integrar os indivíduos separados." (Boudon, R, et al., 1990, p. 130). Os novos tempos exigem uma nova ética, na qual o indivíduo não é apenas portador de direitos, mas também de deveres face a si próprio, assim como face ao Outro e ao colectivo. É neste ponto do estudo que se deixa vislumbrar a dimensão referente ao registo da investigação-acção. A dimensão ética começa quando entra em cena o Outro. Todas as leis, morais ou jurídicas regulam sempre relações interpessoais. Até porque tal como nos ensinaram as ciências sociais e humanas, é o Outro, o seu olhar, que nos define e nos forma. Cada um de nós não consegue compreender quem é, prescindindo do olhar do Outro e da resposta do Outro. O Outro: "(…) torna-se agora a base para uma ética: temos acima de tudo de respeitar os direitos da corporalidade dos outros, entre os quais também se contam os direitos de falar e de pensar." (Eco, H., 1998, p. 91). As expectativas de mudança, de mobilidade social, não deverão centrar-se apenas nos agentes externos, designadamente sob a forma de doação estatal, mas também nos próprios indivíduos visados: "Onde a estrutura é bastante rígida é nas possibilidades de deslocação de e para a localização das classes trabalhadoras. Ou seja, para os que não possuem qualquer dos recursos de exploração e de propriedade, autoridade ou qualificação. A reprodução social nos mais desfavorecidos é bastante acentuada." (Estanque, E & Menda, M., 1998, p. 108). "A visão não complexa das ciências sociais e humanas é pensar que há uma realidade económica, de um lado, uma realidade psíquica, do outro, uma realidade demográfica, de outro (...). Julga-se que estas categorias criadas pelas universidades são realidades, mas esquece- se que na economia, por exemplo, existem as necessidades e os desejos humanos. Por detrás do dinheiro, há todo um mundo de paixões, há a psicologia humana." (Morin, E., 1995, p. 100). A consciência da multidimencionalidade conduz-nos à ideia que qualquer visão unidimensional, qualquer visão especializada e parcelar é pobre. É preciso que esteja ligada às outras dimensões. Daí a crença de que não se pode identificar a complexidade com a completude. A atitude que nos anima não é a de resolver todos os problemas sociais realmente importantes, mas nem por isso se deverá desvalorizar o que Karl Weick (cit. In Rappaport, J., 1990, p.150) chamou pequenas vitórias úteis para melhorar as condições de vida, apesar de não resolverem os problemas duma vez por todas.

Retornando, de novo, a Karl Popper, os regimes abertos e democráticos assentam no princípio individual, na crítica permanente e franca aos outros; às novas ideias. Até porque a descoberta da verdade ou da felicidade cabem a cada indivíduo.

A sociedade aberta é integradora face aos demais, não os segregando. Pelo contrário, como tem sucedido, ao longo de quase toda a nossa história, o chefe, ou seja, aquele que se encontra na posse da verdade e que apregoa de modo negligente a felicidade do povo, segrega o seu próprio povo.

Enquanto seres responsáveis cabe-nos reter a consciência de que o mundo não é um dado bruto, mas que se realiza no quotidiano, sabendo que a qualquer momento poderá ocorrer a queda. No momento da queda iríamos sentir saudades desta sociedade aberta, mas não perfeita. A realidade não se constrói no vácuo social, senão mediante a intervenção de todos os actores sociais, de todos nós no quotidiano. Para além dos direitos garantidos pelo Estado de Direito, todos os cidadãos, todas as classes sociais, deverão discernir os seus deveres. Apenas assim serão actores sociais no sentido pleno da palavra, não sacrificando a construção do futuro à avidez dos interesses pessoais imediatos.

"Finalmente para explicar os elevados números que atingiu a emigração portuguesa, tenha-se ainda em conta a própria tradição que as criou, os apoios familiares e amigos já radicados no país de destino, inclusivamente de índole e certos aspectos psicológicos da população insusceptíveis de generalização rígida e por vezes difíceis de precisar com clareza, mas nem por isso menos influentes." (Medeiros, C., 1986, p. 140). Destacamos, deste último trecho, as palavras "tradição" e "apoios familiares" para explicar a diáspora, a saudade que a todos nos afecta, numa época em constante mudança, ou seja, pouco dada à formação da identidade, projectando-nos no futuro, no destino, não apenas nosso, mas também dos nossos emigrantes e imigrantes: "(...) Somos responsáveis por um processo que envolve toda a colectividade humana onde quer que se encontre." (Rocha, N., 1965, p. 162).

Trata-se de construir novas pontes, as quais rasgam as fronteiras, abrindo os indivíduos para o olhar do Outro, remetendo-o para uma aprendizagem, para uma mudança que o envolve, mas cuja matriz é a própria relação. É aqui que as fronteiras se esbatem. Poderíamos, pois, concluir que não existe uma única identidade absoluta, mas antes uma miríade de identidades, tantas quantas as subjectividades. A identidade forja-se mediante a interacção com a alteridade, com o outro.

Neste sentido, a fronteira, o limite de nós mesmos não constitui uma desvantagem, mas antes uma vantagem profunda: "Desta forma a identidade fixa, construída em torno de suportes como: a territorialidade, a língua, as tradições, as crenças, os valores partilhados por uma comunidade territorializada e interiorizada nos processos de socialização no país de origem é progressivamente substituída por uma identidade com múltiplas pertenças e diferentes referenciais que a tornam modulável e flexível, dinâmica e inevitavelmente problemática." (Lopes, P., 1999. p. 56).

De facto, torna-se necessário reflectir no sentido da mudança, de aprender, de adquirir uma nova identidade: "São dez ou doze pessoas assustadas – um grupo. Sentam-se em redor de um saco cheio de medos: o medo da solidão, o medo do passado, do presente e do futuro.

São umas tantas pessoas trémulas que entre si decidiram o fingimento de ignorar a presença do saco – e chamam a isso coragem (...), ou até que cada uma das dez ou doze pessoas descubra que é em si próprio que está o mal e talvez o remédio.

E que o grupo é, no fim de contas, um pouco de água turva onde vai diluir-se e desaparecer, como frágil torrão de açúcar, a rocha amarga e vertiginosamente lúcida (por isso capaz de alegria perfeita) que é o melhor dessa grandeza a que é uso chamar-se condição humana." (Saramago, José, 1985, p. 131).

E que o grupo é, no fim de contas, um pouco de água turva onde vai diluir-se e desaparecer, como frágil torrão de açúcar, a rocha amarga e vertiginosamente lúcida (por isso capaz de alegria perfeita) que é o melhor dessa grandeza a que é uso chamar-se condição humana." (Saramago, José, 1985, p. 131).

Conclusão

Não existe uma única identidade, senão que múltiplas identidades, as quais se entrecruzam e, por vezes, se contrapõem de modo violento. A identidade portuguesa, ao longo de séculos, forjou-se vertida para fora de si mesma, num fenómeno misto de atracção pela riqueza imediata e de repulsão sócio-política. Outrora, a identidade portuguesa era forjada a partir do confronto, na comparação com povos ditos bárbaros e inferiores: os negros, os asiáticos, os índios, etc. Hoje, algo de novo ocorre, isto é, a formação da identidade portuguesa encontra-se, pela primeira vez, voltada para a restante Europa. A identidade forma-se, hoje, a partir dessa comparação entre iguais, entre cidadãos da velha Europa. Esta abertura face à Europa implica o fenómeno da globalização; da uniformização dos comportamentos e dos costumes. Neste domínio, Melgaço, como zona fronteiriça, terá muito a ensinar ao restante país, pois, mesmo em tempos caracterizados pela extrema repressão política e pelo isolamento, a fronteira sempre se mostrou porosa. O contacto com o Outro, com o galego, é algo de intrínseco.

A afirmação da identidade portuguesa no contexto não apenas europeu, mas também mundial passa pela necessária ousadia de romper, de ultrapassar velhas fronteiras entre nós instituídas. Até porque a afirmação da identidade portuguesa apenas se poderá levar a cabo num registo de afirmação positiva das suas peculiaridades históricas e culturais e da sua capacidade de se lançar no desconhecido e de o enfrentar de peito aberto. Quando Fernando Pessoa se referia ao quinto império mais não estaria do que a reafirmar a lição dada ao mundo pelos portugueses, ou seja, o povo destemido do desconhecido, do Outro.

A democracia não é um dado adquirido, senão uma luta diária entre o nós e os Outros, uma luta travada no interior das nossas fronteiras. A democracia forja-se no dentro e no fora, na memória e na fronteira, na participação, no encontro, no movimento de nos reconstruirmos, diariamente. Na busca perpétua do Outro, o qual se dilata em nós no espaço e no tempo, na memória e na fronteira.

Bibliografia

- Almeida, J. (1999). Classes sociais nos campos. Oeiras: Celtas Editoras.
- Almeida, J. & Pinto. (1995). A investigação nas ciências sócias. Lisboa: Editorial Presença.
- Amâncio, L. (1993). Identidade e relações intergrupais. In: Psicologia Social. (Cord) Vala J, & Monteiro, M. Lisboa: Fundação Calouste Gulbenkian.
- Amaral, L. (1998). Convergência e crescimento económico em Portugal no pós-guerra. In: Análise Social. Vol XXXIII, pp. 741- 776.
- A voz de Melgaço, 1 de julho, (1949);
- 15 De Julho, (1949);
- 1 De Outubro de 1949;
- 15 De Fevereiro de 1959;
- 15 De Maio de 1965;
- 1 De Junho de 1965;
- 1 De Outubro de 1965;
- 1 De Julho de 1966;
- 1 De Agosto de 1966;
- 15 De Agosto de 1966;
- 15 De Setembro de 1966;
- 1 De Outubro de 1966;
- 15 De Dezembro 1966;
- 1 De Janeiro de 1967;
- 1 De Fevereiro de 1967;
- 15 De Dezembro de 2000;
- Baptista, A. & Portela, J. (1995). A pluriactividade como estratégias de desenvolvimento nos vales sub-montanhosos de trás-dos-montes. In: Estudos transmontanos. Pp. 291-333.
- Barreto, A. (2000). A situação social em Portugal 1960\1994. Vol. II Lisboa: Imprensa Ciências Sociais.
- Boudon, R. et al. (1990). Dicionário de sociologia. Lisboa: Publicações Dom Quixote.

* Bourdieu, P. (1997). Razão prática: sobre a teoria da acção. Oeiras: Celta Editora.
* Bowlby, J. (1985). Apego e perda. São Paulo: Livraria Martins Fontes Editora.
* Braudel, F. (1985). A dinâmica do capitalismo. Lisboa: Teorema.
* Brettell, C. (1991). Homens que partem mulheres que esperam; consequências da emigração numa freguesia Minhota. Lisboa: Publicações Dom Quixote.
* Caldas, C. (1996). Terra de Val-de-Vez montaria do Soajo. Porto: Editora Verbo.
* Capucho, L. (1998). Pobreza exclusão e marginalidade. In: Portugal que modernidade? (org): Viegas J. et Al. Oeiras: Celta Editoras.
* Casal, A. (1999). Identidades culturais e desenvolvimento. In: Antropologia Portuguesa. Vol. 12, pp. 5-17.
* Castles, S & Miller, M. (1993). The age of migration internacional population movements in the world. London: Macmillan.
* Cordeiro (1998). Entre Pinela e Paris: emigrações e regressos.
* In: Análise social. Vol. XXXIII, pp. 1105-1146.
* Corkill, D. (1998). Economia e identidade: as relações luso-espanholas e o mercado Ibérico. In: Portugal na viragem do século, valor da identidade. Lisboa: Assírio & Alvim.
* Corm, G. (1997). A nova desordem económica mundial; na origem dos fracassos do desenvolvimento. Lisboa: Instituto Piaget.
* Cortesão, J. (1995). Portugal a terra e o homem. Lisboa: Imprensa Nacional Casa da Moeda.
* Costa, A. (1999). Sociedade de bairro: dinâmicas sociais da identidade cultural. Oeiras: Celta Editora.
* Costa, E. (1991). Contextos sociais de vida e desenvolvimento da identidade. Porto: Instituto Nacional de Investigação Científica.
* Damásio, A. (2000). O sentimento de si: o corpo, e emoção e a neurobiologia da consciência. Lisboa: Publicações Europa-Ámerica.
* Deleuze, G. & Guattari. (1987). O anti-édipo: capitalismo e esquizofrenia. Lisboa: Assírio e Alvim.
* Dias, J. (1994). Estudos de antropologia. Lisboa: Imprensa Nacional Casa da Moeda.
* Dinis, Júlio. (1984). Os fidalgos da casa Mourisca. Barcelos: Livraria Figueirinha.

* Durozoi, G. & Roussel A. (2000). Dicionário de filosofia. Porto: Porto Editora.
* Earl, B. (2001). Métodos de pesquisa de survey. Universidade do Belo Horizonte: Belo Horizonte.
* Eco, H. (1998). Cinco escritos morais. Lisboa: Difel.
* Erikson, E. (1968). Identity, youth and crisis. Nova Iorque: Norton.
* Estanque, E. & Menda, M. (1998). Classes e desigualdades em Portugal: um estudo comparativo. Porto: Edições Afrontamento.
* Fernandes, P. (2000). Habitação e trabalho no Porto da época do cerco: o bairro de Santa Catarina. In: Análise social. Número 2, Vol. XXXXV, pp. 225-230.
* Ferrão, J. (1997). Três décadas de consolidação do Portugal demográfico. In: A situação em Portugal 1960-1994. Lisboa: Instituto de Ciências Sociais.
* Ferreira, P. (2001). Infracções e censura – representações e percursos da sociologia do desvio. In: Análise Social. Vol.
* XXXIV. pp. 639-671.
* Foucault, M. (1994). O nascimento da clínica. Rio do Janeiro: Editora Forense Universitária.
* Fremont, A. (1980). A região; espaço vivido. Coimbra: Livraria Almedina.
* Furnham, A. & Argyle M. (2000). A psicologia do dinheiro. Lisboa: Edições Sinais de Fogo.
* Gameiro, A. (1984). Emigrantes. Lisboa: Centro do Livro
* Giddens, A (1994). A modernidade e a identidade pessoal. Oeiras: Celta editora.
* Grinberg, L. & Grinberg, R. (1998) Identidade e mudança. Lisboa: Climpsi Editora.
* Gomez, H. (2002). Cenários históricos de perigo espanhol. In: História. Ano XXV, III série.
* Gonçalves, A. (1996). Imagens e clivagens: os residentes face aos emigrantes. Porto: Edições Afrontamento.
* Gonçalves, A. (1998). O movimento da discórdia. O trabalho simbólico na mobilidade social. In: Antropológicas. N.º 2, pp. 101-114.
* Gonçalves, Ricardo. (1981). Carneiros em transumância, emigrantes clandestinos. Lisboa: Perspectivas & Realidade.
* Haveloch, E. (2000). A musa aprende a escrever: reflexões sobre a oralidade e a literacia da antiguidade até ao presente. Lisboa: Gradiva.
* Hespanha, P. & Monteiro, A. (2000). Entre o estado e o mercado: as fragilidades das instituições de protecção social em Portugal. Coimbra: Quarteto.

* Horney, K. (1979). A personalidade neurótica do nosso tempo. Lisboa: Editorial Vega.
* INE (2001). Resultados provisórios: região norte. Lisboa: Instituto Nacional de Estatística.
* Jornal de Notícias. Edgar Morin, Sábado, 1 de Abril de 2002,
* 3. Porto: Jornal de Notícias.
* Kaufmann, P. (1987). A teoria Freudiana da cultura. In: A história da filosofia do século XX. Lisboa: Círculo de Leitores. pp. 11-15.
* Laranjeira, M. (1987). O pessimismo nacional. In: Prelo; Decadência/Pessimismo. Lisboa: Revista da Imprensa Nacional
* – Casa da Moeda. pp. 35 – 45.
* Leandro, M. (1993). Portugueses na região parisiense; reinvenção dos laços sociais. In: Emigração, Imigração em Portugal. Algés: Editorial Fragmentos.
* Leite, C. (1993). A casa em construção actores e decisores. In: Emigração, Imigração em Portugal. Algés: Editorial Fragmentos.
* Lévi-Strauss, C. (1992). A história do lince. Porto: Edição ASA.
* Lima, A. (1974). A emigração portuguesa em França. Lisboa: Editorial Estampa.
* Lipovetsky, G. (1994). O crepúsculo do dever: e a ética indolor dos novos tempos democráticos. Lisboa: Publicações Dom Quixote.
* Lopes, J. (1997). A economia portuguesa desde 1960. In: A situação social em Portugal 1960\1994. Lisboa: Instituto de Ciências Sociais.
* Lopes, P. (1999). Portugal: Holograma da mobilidade humana. Mirandela: Editora Rei dos Livros.
* Malthus, T. (1999). Ensaio sobre o princípio da população. Nem Martins: Publicações Europa-América.
* Marcia E. (1968). Indentity in adolescence. In: J. Adelson (ed), Handbook of adolescent psychology. New York: Wiley & Sons.
* Marcuse, H. (1970). L' Homme unidimencionnel. Paris: Minuit.
* Maria, L. (Cord). (2002). Dicionário de sociologia. Porto: Porto editora.
* Marinho, A. (1973). A emigração portuguesa desde 1950, dados e comentários. Lisboa: Gabinete de Investigações Sociais.
* Medeiros, C. (1986). Introdução à geografia de Portugal. Lisboa: Editorial Estampa.
* Moles, A. (1995). As ciências do impreciso. Porto: Edições Afrontamento

- Molina, L. (2001). El analise de redes sociales una introduccion. Ediciones Bellaterrra.
- Morin, E. (1995). Introdução ao pensamento complexo. Lisboa: Instituto Piaget.
- Mozzicafreddo, J. (1997). Estado providência e cidadania em Portugal. Oeiras: Celta Editores.
- Namora, Fernando. (1981 a). Uma avaria no automóvel. In: Cidade solitária, narrativas. Amadora: Livraria Bertrand. pp.191-199.
- Namora, Fernando. (1981 b). Benfeitores e benfeitorias. In: A nave de pedra. Amadora: Livraria Bertrand.
- Namora, Fernando. (Sd). A noite e a madrugada. Lisboa: Editorial Verbo.
- Notícias de Melgaço, 8 De Junho de 1956, ano 28;
- 22 De Junho 1956, ano 28, nº 1206;
- 10 De Julho de 1956, ano 28;
- 28 De Novembro de 1956, ano 28, nº 1223;
- 24 De Fevereiro de 1957, ano 29, nº 1233;
- 2 De Fevereiro de 1958, ano 30, nº 1422;
- 23 De Novembro de 1958, ano 30, nº 1300;
- 14 De Dezembro de 1958, ano 30, nº 1302;
- 1 De Março de 1959, ano 31, Nº 1309;
- 14 De Junho de 1959, ano 31, nº 1320;
- 5 De Julho de 1959, ano 31, nº 1323;
- 13 De Setembro de 1959, ano 31, nº 1330;
- 22 De Novembro 1959, ano 31, nº 1341;
- 29 De Janeiro de 1961, ano 32, nº 1387;
- 26 De Março de 1961, ano 33, nº 1393;
- 28 De Maio de 1961, ano 33, nº 1400;
- 18 De Agosto de 1962, ano 34;
- 21 De Abril de 1963, ano XXXV, nº 1463;
- 26 De Maio de 1963, ano XXXV, nº 1472;
- 3 De Novembro de 1963, ano XXXV, nº1490;
- 6 De Setembro de 1964, ano XXXVI, nº 1525;
- 1 De Junho de 1965, ano XXXII;
- 1 De Agosto de 1965, ano XXXII;
- 1 De Outubro de 1965, Ano XXXII;
- 13 De Dezembro de 1965, ano XXXII, nº 1558;
- 30 De Janeiro de 1966, ano XXXVIII, nº 1585;
- 18 De Dezembro de 1966, ano XXXVIII, nº 1609;
- Oliveira, C., (1995). Cem anos nas relações Luso-espanholas; política e economia. Lisboa: Edições Cosmos.
- Peixoto, J. (1993). Migrações e mobilidade: as novas formas da emigração portuguesa a partir de 1980. In: Emigração, Imigração em Portugal. Algés: Editorial Fragmentos.

• Pereira, M. (1981). A política portuguesa de emigração 1850- 1930. Lisboa: A regra do jogo.
• Pereira, M. (1993). Liberdade e contenção na emigração portuguesa 1850\1930. In: Emigração, Imigração em Portugal. Algés: Editorial Fragmentos.
• Perret, B. & Roustant, G. (1996). A economia contra a sociedade; afrontar a crise de integração social e cultural. Lisboa: Instituto Piaget.
• Pimentel, D. (1991) As migrações portuguesas no quadro das migrações internacionais, 1950-1990. Sacavém: (SE)
• Pires, A. (1987). A decadência ou a interrogação de um Portugal Hamletiano. In: Prelo; Decadência\Pessimismo. Lisboa: Revista da Imprensa Nacional Casa da Moeda, pp. 11 – 17.
• Portes, A. (1999). Migrações internacionais: origens e modelos de incorporação. Oeiras: Celta Editores.
• Pratas, F. (2000). Alguns quadros teóricos da psicologia comunitária. In: Análise Psicológica. Lisboa, Vol. XIIII, nº 2, pp. 225-230.
• Rappaport, J. (1990). A psicologia comunitária. In: Análise Psicológica. Vol. VIII, nº 2, pp. 140-161.
• Redondo, J. (1996). Franco e Salazar: As relações Luso-espanholas durante a guerra-fria. Lisboa: Assírio e Alvim.
• Ribeiro, Aquilino. (1943). Volfrâmio. Lisboa: Livraria Bertrand.
• Rocha, J. (2001). Melgaço: da pré-história ao século XXI. Braga: Editado pela Câmara Municipal de Melgaço.
• Rocha, N. (1965). A imigração dolorosa. Lisboa: Editora Odisseia.
• Rodrigues, H. (1994). Emigração e dinâmicas familiares – aspectos socio-profissionais e indicativos de alfabetização. In: Estudos regionais, revista de cultura do Alto Minho. Nº5, Dezembro.
• Roman, R. (1999). El desarrollo local en Galicia. In: Antropológicas. Nº3. pp. 109-129.
• Rosas, F. (2001). O salazarista e o homem novo: ensaio sobre o estado novo e a questão do totalitarismo. In: Análise Social. Vol XXXV. PP.1031-1054.
• Roudinesco, E. & Plon M. (2000). Dicionário de psicanálise. Nem Martins.
• Santos, B. (1995 a). Pela mão de Alice: o social e o político na pós-modernidade. Porto: Edições Afrontamento.
• Santos, B. (1995 b). Um discurso sobre as ciências. Porto: Edições Afrontamento.
• Saraiva, H. (1987). Itinerário Português: o tempo e a alma. Lisboa: Gradiva.

- Saramago, José. (1985). O grupo. In: Deste mundo e do outro, crónicas. Lisboa: Editorial Caminho. pp. 129-131.
- Shils, E. (1992). Centro e periferia. Lisboa: Difel.
- Silva, A. (1996). Continuidade e mudança. In: Dinâmicas Multiculturais, novas faces, novos olhares. Lisboa: Instituto Ciências Sociais.
- Situação das mulheres. (1998). Editado pelo Conselho para a Igualdade e para os Direitos das Mulheres do Alto Comissariado para a Igualdade e da Família da Presidência do Concelho de Ministros.
- Soares, A (2000). A união Europeia. In: Análise Social. Vol. XXIV, pp.397-423.
- Sousa, I. (1996). História de Portugal Moderno: economia e sociedade. Lisboa: Universidade Aberta.
- Sprinthall, N. & Collins, A. (1999). Psicologia do adolescente: uma abordagem desenvolmentalista. Lisboa: Fundação Calouste Gulbenkian.
- Steiner, G. (1992). No castelo do barba azul: algumas notas para a redefinição da cultura. Lisboa: Relógio D' Água.
- Telo, A. (2000). Treze teses sobre a disfunção nacional – Portugal no sistema internacional. In: Análise social. Vol. XXXII, pp. 644-683.
- Telo, A. (2002) Um mundo em perigo. In: História. Ano XXV, III série.
- Torga, Miguel. (2003). A fronteira. In: Novos contos da montanha. Lisboa: Visão\Publicações Dom Quixote.
- Unamuno, Miguel. (Sd). Como se faz uma novela. In: a tia tula. Lisboa: Editorial Verbo.
- Vala, J. (1996). A identidade grupal. In: Dinâmicas multiculturais, novas faces, novos olhares. Lisboa: Instituto de Ciência Sociais.
- Verón, J. (1995). População e desenvolvimento. Lisboa: Publicações Europa-América.
- Vygotsky, L. & Luria A.(1996). Estudos sobre a história do comportamento: símios, homem primitivo e criança. Porto Alegre: Arte Médica.
- Wateau, F. (2000). Conflito e água de rega: ensaio sobre a organização social no vale do Minho. Lisboa: Publicações D. Quixote.
- Xiberras, M. (1996). As teorias da exclusão; para uma construção do imaginário do desvio. Lisboa: Instituto Piaget.